세계여행에서 찾은
20가지 행복철학

THE GLOBETROTTER'S GUIDE TO HAPPINESS

by Kate Morgan

Korean translation copyright © UI Books, 2022

Copyright text © Kate Morgan 2020

Copyright illustration © Juliet Sulejmani 2020

Copyright concept and design © Hardie Grant Publishing 2020

First published in the English language by Hardie Grant Travel, a division of Hardie Grant Publishing in 2020

덴마크에서 인도까지

세계 여행에서 찾은

20가지 행복철학

케이트 모건 지음 ● 줄리엣 술레마니 그림

김문주 옮김

휘게, 피카, 메라키…
소소하지만 **확**실한 **행**복을 찾아 떠나다

유아이북스

들어가며

우리는 모두 행복을 원한다. 세계 어느 곳에 살든 마찬가지다. 나라마다 행복을 추구하는 방식만 조금씩 다를 뿐이다. 행복은 매일 반복되는 일상과 가끔 벌어지는 혼돈 가운데에 있다. 안녕하게 살아간다는 느낌이나 차분한 감각을 가지는 것을 의미한다.

최근 들어 신체적·정신적·사회적 건강이 조화를 이루는 상태를 뜻하는 웰니스wellness가 크게 유행하고 있다. 사람들이 현대 사회의 스트레스와 불안감에서부터 탈출하려 애쓰면서 불타는 유행에 기름을 들이부었다. 많은 사람들이 행복을 추구하는 대안적 방법을 찾고, 다양한 문화로부터 배우기 위해 다른 나라들을 살피고 있다.

일본에서는 삶의 의미를 뜻하는 이키가이いきがい를 찾고, 인도에서는 고대로부터 전해져오는 요가에 참여한다. 노르웨이에서는 프리루프트슬리브Friluftsliv(자유로운 야외 생활)로 마음을 정화하기 위해 자연으로 향하고, 네덜란드에서는 허젤러헤이트Gezelligheid(사람들과 함께하는 아늑하고 훈훈한 분위기)의 예술을 음미한다. 이 세계는 행복과 웰빙의 철학으로 짠 태피스트리와 같다.

지금껏 내가 10년 넘게 여행작가로 활동하면서 다양한 문화를 배우고, 모험하며, 무궁무진한 요리를 발견하고, 흥미로운 이들을 잔뜩 만나면서 전 세계 사람들의 생활양식과 관습을 지켜볼 수 있었던 것은 행운이었다. 그로부터 나는 많은 것을 배웠고, 무엇보다도 우리는 서로에게서 배울 수 있다는 사실 자체를 배웠다.

나는 운 좋게 여행작가로 먹고살 수 있다는 사실에 몹시 감사하고 있다. 여행작가는 아주 멋진 직업이다. 하지만 때때로 그 황홀한 매력은 사라지고 너무나 진 빠지고 힘겨운 직업이 되기도 한다. 설령 휴가차 떠난 것이라 하더라도, 여행은 스트레스로 가득하고 건강에 해로우며 피곤한 활동이 될 수도 있다. 여기에 업무적인 책임과 마감 일자까지 더해지면 극한의 스트레스와 피로는 더욱 깊어진다.

떠나가는 기차와 버스를 잡기 위해 무거운 배낭을 짊어진 채 달리기도 했고, 허리와 무릎이 망가질 때까지 슈트 케이스를 질질 끌며 수도 없이 많은 비행기 탑승 계단을 오르기도 했다. 알래스카에서는 말코손바닥사슴에게 쫓긴 적도 있고, 짐바브웨의 어느 국립공원 한가운데에서 자동차가 고장 나는 바람에 사자와 수코끼리, 버팔로 수십 마리에게 둘러싸인 상황에서 전화까지 끊겼던 사건도 있었다! 우간다에는 나무가 너무나 빽빽하게 우거져서 실제로 '헤치고 들어갈 수 없는 숲'이란 이름을 가진 밀림이 있었는데, 그곳에서 고릴라를 찾아

몇 시간이나 걸었다. 태국에서는 어쩐지 수상쩍던 딸기를 먹고 박테리아에 감염되어 입원하기도 했다. 중국의 만리장성에서는 열사병에 걸려 고생했고, 다시는 걸리고 싶지 않은 장염을 포함해 다른 희한한 병도 많이 앓았다.

물론 누군가 억만금을 준다 해도 바꾸지 않을 경험이고, 괴로웠던 만큼 근사한 경험들도 수없이 많이 했다. 여행작가로 일한 지 약 2년이 지나자, 한 번에 몇 달씩 길 위에서 지내는 삶을 유지하기 위해서는 나의 건강과 행복을 최우선으로 돌보아야 한다는 사실을 깨달았다.

이후 나는 여행을 하면서 몸과 마음의 건강을 유지할 수 있는 방법을 찾으려고 애쓰기 시작했다. 그렇게 하지 않으면 장기적으로 이 일을 지속할 수 없을 것임을 깨달았던 것이다. 그래서 내가 지내는 여행지로 시선을 돌려 현지 주민들이 어떻게 건강과 행복에 접근하는지 살폈다. 나는 일본에 자주 방문하는데, 그때마다 시간을 내어 교토에 있는 어느 절에서 참선 수업에 참석하려고 애쓴다. 또한 자연에서 시간을 보내기 위해 쿠라마와 키부네의 산동네 혹은 타카오의 푸른 언덕을 오르거나 후지 5호 지역을 걸어 다니는 것도 좋아한다.

인도의 마이소르Mysore를 방문했을 때에는 요가 수업을 찾아냈고, 아프리카에서는 커피 농장을 방문해 '커피 세리머니'에 참석하는 영광을 누릴 수 있었다. 이탈리아로 여행을 갈 때마다 내가 가장 좋아하는 휴식법은 피아차Piazza(이탈리아의 도시광장)에서 커피나 아페리

티보Aperitivo(식전주) 한 잔을 주문해, 핸드폰과 공책은 멀리 밀어 놓고 그저 한참 동안 이탈리아인들의 삶이 흘러가는 모습을 지켜보는 것이다. 진정한 돌체 파 니엔테Dolce Far Niente, 즉 아무것도 하지 않는 즐거움이랄까.

암스테르담에서는 허젤러흐Gezellig(아늑하고 친근한 분위기라는 의미)한 분위기를 가진 명소 '브라운 카페'가 있다. 이곳은 도시를 탐방하며 휴식을 취하고 재정비하기에 완벽한 장소다. 런던에 살면서 아름다움과 영감이 필요할 때면 테이트 브리튼 박물관을 가끔 방문하기도 했다. 낭만주의 거장 터너와 컨스터블의 작품들을 감상하며 그리운 기억을 불러일으킬 수 있다. 크레타섬의 매력적인 산마을 아노기아에 가서는 광장에서 연주하는 음악가들을 바라보며 열정과 헌신을 가지고 일한다는 그리스인들의 철학인 메라키Meraki가 무슨 의미인지 배웠다.

행복은 추구해도 손에 잘 잡히지 않고, 사람마다 느끼는 행복의 의미와 행복에 대한 인식도 다르다. 다른 나라와 문화가 행복과 웰빙을 정의하는 방식을 조사하고 경험하는 일은 몹시 재미있고 눈이 번쩍 뜨이는 경험이었다. 우리는 이 책에 수집된 철학들을 찬찬히 읽어 가면서 그 모든 철학을 관통하는 중요한 맥락과 주제들을 깨달을 수 있을 것이다. 주목할 만한 부분은 '부'와 '물질적인 소유'의 이야기가 등장하지 않는다는 점이다. 대부분의 문화에서는 가족과 이웃, 친구들과의 관계와 강한 유대감, 인연 쌓기를 중시하는 것으로 보인다. 건강한 삶과 좋은 식습관은 두루두루 핵심적인 요소이며 자연에서 시간을 보내고, 느릿한 속도로 인생을 살고, 가능한 한 스트레스를 피하는 것도 마찬가지다. 전자기기는 잠시 내려놓고, 우리에게 무엇이 의미 있고 창의력을 키워줄 수 있는지 되돌아보는 시간을 가지는 것이 (신체적·정신적·사회적 건강의 조화를 추구하는) 다양한 웰니스 철학의 전부다.

각 장에서는 웰니스 철학을 일상생활의 일부로 만드는 아이디어를 만나볼 수 있다. 그리고 각각의 철학이 탄생한 나라를 소개하면서도, 굳이 그 경험을 위해 여행을 떠날 필요가 없도록 책에 모두 담아냈다.

행복이라는 결실을 거두기 위해 중대한 변화나 근본적인 변화가 필요한 것은 아니다. 습관을 바꾸거나 새로운 활동들을 배우는 소소한 방법만으로, 더욱 건강하고 좀 더 느긋하며 궁극적으로는 더 행복한 사람에 가까워질 수 있기를 바란다.

케이트 모건

목   차

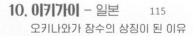

알로하 정신

미국 하와이

•

천국이라 불리는
섬의 비밀

알로하 정신
미국 하와이

알로하 정신이란?

'알로하Aloha'라는 말은 무척 친숙하다. 엘비스 프레슬리가 하와이 안 셔츠를 입고 우쿠렐레를 연주하는 영화(혹은 콘서트)나 훌라춤을 추는 댄서들이 긴 풀로 엮은 치마를 입고 엉덩이를 흔드는 모습이라든가 천국을 닮은 배경에서 '알로하'라는 글자가 번쩍이는 관광 광고를 봤을 수도 있다. 그렇다면 과연 실제로 알로하 정신이란 무슨 의미일까? 하와이 사회에 그토록 깊이 새겨져 있고, 문화적 전통으로 단단히 뿌리내린 그 존재를 어떻게 명확하게 규정할 수 있을까? 이 섬나라의 생각과 마음을 움직이고 인생의 방식을 이끄는 원칙으로 역할하는 그 존재를 말이다.

하와이에 한 번이라도 가 봤다면 머무는 내내 알로하라는 말을 적잖이 들었을 것이다. 알로하는 만날 때와 헤어질 때 사용하는 말이다. 그러나 거기서 끝이 아니다. 알로하는 사랑과 자비, 선의, 존경과 평화를 의미한다. 알로하는 단순히 하와이에서 쓰는 인사말이 아닌 '생명력'이다. 하와이 사람들은 알로하 정신 속에서 살아가고 알로하 정신 속에서 숨 쉰다. 알로하 정신은 하와이 문화에서 가장 중요한 가치 가운데 하나이면서 민족의 정체성을 결정짓는 특성이기도 하다. 또한 알로하 정신은 관심과 존중, 호의를 가지고 다른 사람들을 대하는 것, 그러니까 서로가 서로를 보살피는 것이다.

알로하 정신은 어디에서 왔을까?

인기 드라마 〈사인필드Seinfeld〉에서 제리와 일레인, 조지와 크래머가 강도를 당한 사람을 돕지 않았다는 이유로 '착한 사마리아인법'에 걸려 체포당하는 에피소드를 보았더라면 이 법이 다소 터무니없다고 생각했을 수 있다. 글쎄, 잠깐 생각해 보자. 알로하 정신은 하와이 사람들에게 어찌나 중요한지, 실제로 그 정신에 관한 주법州法이 존재할 정도다. 그게 바로 알로하 정신법이다! 알로하 정신법에 따르면 모든 시민과 회사, 정부 공무원들은 알로하 정신에 따라 행동해야 하며, 조상들이 그래왔듯 똑같은 존중과 관심을 가지고 사람들을 대해야 한다. 알로하 정신법은 1986년이 되어서야 시행됐지만, 하와이 사람들은 기억할 수 없을 정도로 아주 오래전부터 알로하

의 처리 원칙에 따라 삶을 살아왔다. 알로하 정신은 토착 문화에 깊
숙이 자리 잡고 있다.

1970년 하와이에서 열린 주지사 회의는 2000년의 하와이가 어
떤 모습이어야 하는지 사람들의 의견을 구하고, 하와이의 과거와 현
재, 미래를 논하기 위한 것이었다. 존경받는 마우이의 장로인 필라
히 파키Pilahi Paki는 알로하 정신에 대해 이야기하면서 '알로하ALOHA'
의 철자로 만든 5행시가 담긴 연설을 했다. 이 5행시는 알로하 정신
법의 기초가 됐다.

A 아카하이(Akahai),
다정함으로 표현되는 호의를 의미한다.

로카히(Lokahi),
조화로 표현되는 통합을 의미한다.

O 올루올루(Olu'olu),
기쁨으로 표현되는 쾌활함을 의미한다.

H 하아하아(Ha'hah'a),
소박함으로 표현되는 겸손을 의미한다.

A 아호누이(Ahonui),
끈덕짐으로 표현되는 인내를 의미한다.

우리의 건강과 행복에 어떻게 도움이 될까?

　하와이는 미국에서 기대수명이 가장 높은 지역이다. 미국 질병통제예방센터CDC는 최근 미국 전체의 기대수명이 낮아지는 상황에도 하와이에서는 여전히 늘어나고 있으며, 하와이 사람들의 평균 기대수명은 81.3세라고 밝혔다.

　2018년 갤럽이 실시한 설문조사에 따르면 하와이는 미국 내 전반적인 웰빙 순위에서 7회 연속으로 1위를 차지했다. 갤럽은 2008년부터 미국의 웰빙 지수를 기록해 왔으며, 이 결과는 2018년을 통틀어 미국 50개 주 전체에서 성인들을 대상으로 실시한 11만 5000건의 설문조사를 바탕으로 하고 있다. 웰빙지수를 계산하기 위해 사용된 다섯 가지 주요 평가 기준은 다음과 같다.

　　◇ 당신의 일을 좋아하는가?
　　◇ 사회적 관계에서 지지를 얻는가?
　　◇ 활동적이며 신체적으로 건강한가?
　　◇ 공동체 안에서 안전하다고 느끼고 자부심을 가지는가?
　　◇ 경제적이고 금전적인 스트레스가 없는가?

　하와이는 이 평가 기준 모두에서 상위 5위 안에 든 유일한 주였다. 단순히 알로하 정신이 전적으로 이러한 결과를 불러왔다고 말할 수는 없다. 하와이 사람들은 사소한 것에 목숨을 거는 대신, 공동체와 땅에 대한 사랑과 존경이 이끄는 삶을 살아간다. 앞선 결과는 이러한 이유 덕에 얻었다고 보는 편이 타당할 것이다.

하와이 어디에서 알로하 정신을 만날 수 있을까?

한마디로 말하자면, 알로하 정신은 하와이 어느 곳에나 살아있다. 하와이 길거리에서는 5분마다 "알로하"를 들을 수 있고, 여행하는 내내 그럴 것이다. 그리고 머지 않아 그곳에서 만나는 친근한 얼굴의 사람들 한 명 한 명에게 "알로하!"라고 외치며 반가워하는 자신을 발견하게 될 것이다.

또한 하와이 사람들의 공동체 정신과 "별거 아니야"라는 속 편한 태도, 그리고 자연환경이 사람들의 행복과 인생관에 영감을 안겨 주는 방식에서도 알로하를 느낄 수 있다. 알로하 정신에는 우리가 타인을 대하는 방법만 있는 것이 아니라, 성스러운 땅에 대한 하와이 사람들의 사랑과 존경이 담겨 있다.

일상 속에서 알로하 정신을 실천하는 법

누구든 소박한 알로하 정신을 일상생활 속에 녹일 수 있다. 바로 우리가 속한 공동체와 동네에 사랑과 존경, 친절함을 보이는 것이다. 다음은 알로하 정신을 발견할 수 있게 도와줄 몇 가지 방법들이다.

자연에서 활동적으로 지내기

자연에서 시간을 보내는 일은 알로하 정신과 친해질 수 있는 훌륭한 방법이다. 바다는 특히나 특별한 장소이니, 무엇이든 마음에 드는 활동을 해 보자. 수영을 해도 좋고, 서핑보드나 스탠드업 패들보드에 몸을 실어도 좋다.

느긋해지기, 그리고 혼자만의 시간 가지기

모든 일을 완벽히 끝내기 위해 서두르다가 하루가 눈 깜짝할 사이에 지나 버리는 '바쁜 생활'에 익숙해져 있지는 않은가? 느긋하게 움직이고 아호누이, 즉 인내하려고 진정으로 노력해 보자. 하와이 사람들은 '섬의 시간Island Time'에 따라 움직인다. 섬의 시간에서 시계는 하루를 살아가는 데 그다지 큰 영향을 미치지 않는다. 야외로 나가자. 그리고 우리 주변에서 일어나는 일에 진심으로 초점을 맞춰 보자. SNS를 살피는 대신 별을 바라

보고, 자연으로 나가 보자. 그렇게 해서 우리는 생각하고, 주변을 둘러싼 세상을 관찰하며, 다른 사람뿐 아니라 자기 자신에게 시간을 내어 줄 여유를 가질 수 있다.

밝은 면 보기

긍정적인 마음을 유지하는 일은 알로하 정신의 핵심이다. 쉽지 않은 일이지만, 가능하다면 스스로의 감정을 계속 조절하는 것이 좋다. 만약 화가 나거나 짜증이 나더라도 심호흡을 하고, 또 웃으면서 밝은 면을 보려고 노력해 보자. 이는 놀랍게도 우리의 기분을 풀어 주고, 행동을 조절하는 데에도 도움이 될 것이다.

일기를 끄적여 보는 건 어떨까? 종이 위에 감정을 쏟아 내는 간단한 행동으로도 자신의 현 상태를 확인하는 데에 도움이 되며, 부정적인 감정에 휩쓸리지 않게 해 준다. 운동 역시 부정적인 감정에서 빠져나와 엔도르핀이 효과를 발휘하게 만드는 훌륭한 방법이다. 그러니 친구와 함께 긴 산책을 해 보자.

인연에 집중하기

끈끈한 가족 간의 유대, 주변 사람들과의 관계는 하와이 문화와 알로하 정신에서 결정적인 부분이다. 다정하고 자비롭게 사람들을 대하자. 직계 가족뿐 아니라 이웃과 동료, 동네 가게에서 만나는 사람들에게도 그래야 한다. 아는 사람이 별로 없다면 독서 모임이나 지역 봉사 단체, 아니면 비영리 단체에 가입해 보자. 행복에 관한 연구를 살펴보면, 단단한 인간관계를 가진 사람들이 더 행복하고 의미 있는 삶을 살 가능성이 높다는 결론을 지속적으로 내놓고 있다.

커피 세리머니

에티오피아

느리게 마시는
커피의 미학

커피 세리머니
에티오피아

커피 세리머니란?

에티오피아는 커피의 고향이다. 에티오피아 사람들은 몇백 년 동안이나 뜨겁게 끓인 커피를 중심으로 모였다. 커피 세리머니에 초대받는다는 것은 존경과 우정의 표시다. 토착 암하라어(에티오피아의 공용어)로 알려진 제베나 부나Jebena Buna, 즉 커피 세리머니는 에티오피아 사회와 문화의 핵심적인 부분이며 여러 마을과 소도시에서 가장 중요한 사회적 상호 작용으로 여겨진다. 커피는 소중한 존재이며, 이 세리머니는 가족 및 친구들과 나누는 의미 있는 시간이다. 커피 세리머니는 아주 느리고 긴 의식인 만큼 부디 마음을 급히 먹지 않기를 바란다. 여기서는 커피를 텀블러에 담아 테이크아웃할 수도 없다. 세리머니가 몇 시간이나 계속될 수 있기 때문이다. 커피 세리머니가 특별한 이유는 바로 여기에 있다. 몹시도 의식을 갖춘 자리이며 일부러 천천히 진행된다.

커피 세리머니는 식사 후에 시작하지만 시간에 구애받지는 않으며, 보통 특정한 형식을 따른다. 세리머니를 진행하는 사람은 언제나 안주인으로, 바닥에 잘게 잘린 여러 종류의 풀과 꽃을 흩뿌려 놓으며 시작한다. 그동안 향로에서 피운 유향이나 백단의 향기가 공기를 채운다. 우선 커피콩을 씻은 다음 손잡이가 긴 우묵한 냄비에서 검은색이 될 때까지 볶고, 손님들에게는 가까이 와서 그 맛깔스러운 향을 맡으라고 청한다. 그 후 안주인은 절구와 절굿공이로 커피콩을 갈고, 제벤Jeben이라는 주전자로 끓이는 물에 커피 가루를 넣어 섞는다.

일단 커피가 끓고 나면 안주인은 손님 한 명 한 명을 위해 작은 도자기 컵에 커피를 기교 있게 따른다. 높은 곳에서부터 커피가 한 줄기로 떨어지도록 솜씨 좋게 잘 겨눠서 붓는 것이다. 가끔 커피에 설탕을 듬뿍 넣어서 마실 수도 있고, 한 번 끓인

커피를 적어도 세 잔은 마시는 것이
손님으로서의 예의다. 라테를 좋아하는
사람에게는 안타까운 소식이지만,
보통 우유는 준비되어 있지 않을
가능성이 높다. 첫 잔은 아볼Abol이라고
부르는데 당연히 가장 강렬하며,
두 번째 잔은 토나Tona, 세 번째 잔은
베레카Bereka다. 각 잔은 마시는 이의
영혼을 완전히 바꿔 준다고 하며, 특히

세 번째 잔은 커피를 마시는 사람에게 축복을 전해 준다고 한다. 축복을 받았든 아니든 간에 이쯤이면 적어도 고카페인 상태_{Caffeine High}가 되어 완전히 취해 버릴 수 있다.

커피 세리머니는 어디에서 왔을까?

에티오피아가 커피 세리머니의 고향이라는 말은 어찌 보면 당연한 사실이다. 에티오피아는 아라비카커피가 탄생한 곳으로 널리 알려져 있다. 아라비카커피는 에티오피아 고원지대의 특산품인 커피나무의 한 종류로, 이 소박하고 뜨거운 음료는 에티오피아 사람들의 사회 활동과 문화의 중심이다. 아라비카커피는 에티오피아 1년 수출량의 거의 30퍼센트를 차지하는 가장 큰 수출 품목이다. 에티오피아는 전 세계에서 다섯 번째로 큰 커피 생산국으로서, 세계 커피 생산량의 약 2퍼센트에서 3퍼센트를 차지한다.

전설에 따르면, 9세기쯤 '칼디'라는 어느 목동이 커피를 발견했다고 한다. 칼디는 자신이 기르던 염소 떼가 빨간 열매를 따 먹은 뒤 웅성거리며 기운이 솟아나는 모습을 목격하고는 직접 그 열매를 먹어 보았다. 그 역시 염소 떼들과 마찬가지로 갑자기 흥분상태에 돌입했고, 굉장히 즐거워졌다. 칼디는 열매를 따서 마을로 되돌아왔지만 마을 사람들은 악마의 열매를 따왔다며 야단을 치고 열매를 불 속에

던져 버렸다고 한다. 그러나 불에 구워진 열매의 매혹적인 향이 공기를 타고 퍼지자 마을 사람들은 곧 마음을 바꾸었고, 그렇게 커피가 탄생했다는 전설이 전해져 내려온다.

오늘날의 에티오피아는 어디를 가든 카페가 보이고, 지난 몇 년 동안 수도 아디스아바바에는 수없이 많은 커피 체인점이 생겨났다. 하지만 여전히 커피 세리머니는 이 나라에서 아주 소중하고 중요한 문화적 상징으로 남아 있다.

우리의 건강과 행복에 어떻게 도움이 될까?

커피가 건강에 여러 가지 도움을 준다고 알려져 있지만, 그 효과만큼이나 건강에 해롭다고 알려진 점도 많다. 그렇다면 커피는 실제로 우리 몸에 도움이 될까? 카페인이 끼치는 영향은 사람마다 다르지만, 전반적인 여론에 따르면 건강에 도움이 될 수 있다. 단, 카페인을 잘 견딜 수 있는 사람이 적당한 양을 섭취했을 때에 한에서다.

◇ 연구에 따르면 적당한 양의 커피를 마시는 사람들은 심혈관질환과 심장마비, 뇌졸중 등에 걸릴 가능성이 더 낮으며, 파킨슨병이나 제2형 당뇨병을 예방하는 데에도 도움이 된다.

◇ 커피에는 식물성 화학물질인 폴리페놀 덕에 노화 방지 성분이 풍부하다.

◇ 카페인은 흥분제이며, 기운을 북돋아 주고 기분 개선과 각성, 인지 능력 향상 등을 도와주면서 집중을 좀 더 잘하게 해 준다.

◇ 커피는 신경계를 자극해서 몸속 지방을 분해하고 에너지를 생성하는 활동을 돕는다.

◇ 일부 보고에 따르면 운동 전에 커피를 마시면 약 10퍼센트까지 경기력을 향상시킬 수 있다고 한다.

◇ 커피와 연관된 부정적인 효과로는 불면증, 현기증, 떨림, 위산 역류, 부정맥 등이 있다.

커피 세리머니는 사람들을 한 자리에 불러 모음으로써 행복과 웰빙에 일조한다. 가족과 친구, 이웃들이 함께 모여서 안부를 나눌 완벽한 기회이기 때문이다. 커피 세리머니는 유서 깊은 전통이며, 허둥지둥 서두를 수 없는 자리이기도 하다. 여기에 참여하면서 그 어떤 걱정이나 스트레스도 마음에서 떠나보낼 수 있고, 가까운 사람들과 함께 웃고 소통할 수 있으며, 남은 하루를 위해 생기를 되찾고 재정비할 수도 있다.

에티오피아 어디에서 커피 세리머니를 만날 수 있을까?

　에티오피아 고원지대는 수많은 커피 농장이 자리한 커피의 고향 같은 곳으로, 그곳에서 여행을 준비하고 커피 세리머니라는 의식을 직접 경험해 볼 수 있다. 만약 고원지대에 가서 커피 세리머니에 참석할 시간이 없다 하더라도 아디스아바바에서 엄청나게 멋진 음료를 대접받으며 그 경험을 음미할 수 있다. 아디스아바바에는 카페와 커피하우스가 잔뜩 있는데, 다음으로 소개할 장소에서 에티오피아 최상의 커피를 맛볼 수 있다.

토모카(Tomoka)

1953년 이탈리아에서 온 주인장이 연 토모카는 이 도시 최고의 커피를 맛볼 수 있는 것으로 유명하다. 벽은 목재로 되어 있으며 카운터는 늘어선 커피 머신으로 꾸며져 있다. 잘 만든 커피로 하루를 시작할 수 있게 높은 의자에 기대어 앉거나 스탠딩 테이블에 자리를 잡아 보자. 가게에서 직접 볶은 커피콩을 구매하면 집에서도 에티오피아 커피를 음미할 수 있다. 도시 이곳저곳에 지점이 있지만 본점은 피아차 지역에 있다.

:: 참고 사이트: tomocacoffee.com

갈라니 카페(Galani Cafe)

갈라니는 카페이면서 미술 갤러리와 상점을 겸하고 있다. 콘크리트 바닥과 편안한 안락의자가 놓인 널찍한 인더스트리얼 스타일의 공간에서, 싱글 오리진부터 시즈널 블렌드까지 이 도시에서 가장 맛있는 커피를 제공한다. 이곳에서 커피콩과 함께 유기농 꿀도 구매할 수 있다. 또한 갈라니 카페는 시음회를 포함해 정기적으로 행사와 워크숍을 열고 있다.

:: 참고 사이트: galanicoffee.com

카파 커피 박물관(Kafa Coffee Museum)

커피 생산과 역사에 관한 모든 것이 알고 싶다면 에티오피아 최초의 커피 박물관을 방문해 보자. 카파 커피 박물관은 서부 고원지대 커피 생산의 중심지인 카파 생물권 보전지역 내에 자리하고 있으며, 에티오피아 커피 생산에 대해 대단히 흥미로운 역사 강의를 들을 수 있다.

:: 참고 사이트: kafa-biosphere.com/coffee-museum

일상 속에서 커피 세리머니를 실천하는 법

출근길 혹은 아이를 학교에 데려다 주는 길에 텀블러에 커피를 담아 가거나, 현관문을 나서기 직전에 에스프레소를 후루룩 들이마시는 데에 익숙한 사람이라면 먼저 습관을 바꾸는 법부터 배우자. 일상에서 커피 세리머니를 시도하는 일은 전통적인 에티오피아 의식을 엄격하게 따르기 위해 하루에 세 시간씩 투자해야 한다는 의미가 아니다. 그저 천천히 삶의 속도를 늦추고, 그 경험의 진가를 이해한다는 의미이다.

커피 만드는 방법 바꾸기

현재 커피를 만드는 방식을 돌아보자. 끓는 물에 인스턴트커피 몇 스푼을 탄다든지 커피머신 안에 캡슐을 밀어 넣는 것뿐이라면, 다양한 커피 제조법을 알아 보며 좀 더 많은 경험을 음미할 수 있다. 여러 추천 방법에는 하리오 V60 드리퍼Hario V60 Dripper(거름종이와 드리퍼를 이용해 커피를 제조하는 핸드드립 커피에 사용하는 도구로, 드리퍼 각도가 60도라 붙은 이름이다), 프렌치프레스 French press(커피 가루에 뜨거운 물을 부은 뒤 금속성 필터로 눌러 짜내는 커피 추출법), 정말로 커피에 진심인 사람을 위한 사이폰Siphon(플라스크, 진공관, 가열 기구 등으로 구성된 커피 추출 도구), 그리고 멋진 생김새의 케멕스Chemex(드리퍼와 서버가 일체형인 커피 추출

도구) 등이 있다.

　동네에 커피콩을 볶는 카페가 있다면 훌륭한 품질의 싱글 오리진 커피콩을 선택하자. 그리고 예산이 허락하는 한, 가능하다면 공정무역 및 유기농 제품을 고르자.

　핸드 그라인더를 구입해서 매일 아침 직접 커피콩을 갈아 봐도 좋다. 이 작업은 몇 분 정도가 걸리는데, 하루의 시작에 명상과 같은 시간이 되어 줄 수 있다. 뽀빠이처럼 튼튼한 팔뚝을 만드는 데 더없이 훌륭한 운동이라는 사실은 말할 것도 없다. 더 느긋해지고 싶다면 커피를 끓일 때 드립 필터를 한번 사용해 보자. 먼저 커피 가루 위로 물을 부어 가루가 꽃처럼 피어오르게 만든다. 그리고 30초를 기다린 후, 그 위로 물을 더 붓고 커피가 만들어질 때까지 다시 5분 정도 기다리면 된다.

나만의 커피 세리머니 만들기

사무실 책상에서 멀리 떨어진 곳이라면 마당이나 부엌의 식탁 등 어디든 좋다. 우리 마음을 차분하게 만드는 곳을 찾아서 앉아 보는 것을 일상의 의식으로 만들자. 그리고 진심으로 맛을 음미해 보자. 허둥지둥 커피를 테이크아웃하고 싶다는 유혹을 꾹 참고, 핸드폰은 잠시 내려놓은 채 그 순간 자체에 존재해 보자. 이러한 생각은 나만의 커피 세리머니를 즐기는 데에 정말로 도움이 될 것이다.

◇ 친구나 가족과 커피를 마시며 안부를 주고받고 수다를 떨자.

◇ 음악을 몇 가지 골라 커피가 끓기를 기다리는 동안 틀어 놓자.

◇ 커피 세리머니의 분위기에 완전히 빠져들기 위해서 몇 가지 향을 피워 보자.

◇ 커피 세리머니를 좀 더 특별하게 만들고 싶다면, 매일 즐겁게 감상하며 마실 수 있는 멋진 커피잔을 사용하자.

수정(보석) 치유법

미국과 캐나다

우리에게
보석이 필요한 이유

수정(보석) 치유법
미국과 캐나다

수정(보석) 치유법이란?

요즘 서양에서는 70년대 뉴에이지 시대에 유행했던 수정 치유법이 다시 뜨는 모양이다. 검색창에 수정 치유법이라고 입력해 보면 다양한 결과가 나오고, 인스타그램에 #수정 또는 #crystals라고 검색해 보면 수많은 사진이 뜬다. 최근 몇 년 동안 미용과 웰니스 업계에 대한 관심이 높아지면서 수정 치유법 열풍에도 불이 붙었다. 수정 치유법을 유행하게 만든 것은 유명인들의 광고와 웰니스 블로거 그리고 인플루언서들이다. 하지만 사람들은 이미 수천 년 전부터 영혼과 정신, 몸을 치유하기 위해 보석과 준보석, 그리고 수정을 써 왔다.

전 세계적으로 다양한 문화에서 병을 예방하거나 치료하기 위해서, 또는 마음을 보듬거나 영적인 목적으로 수정을 사용했다. 고대 수메르인과 이집트인, 그리스인, 인도와 중국인들부터 북미 캐나다

원주민, 그중에서도 특히나 아파치족과 체로키족까지… 각 민족들은 대대로 전해 오는 나름의 방식으로 보석과 수정을 치유에 이용했다.

뉴에이지 시대 건강치료사들은 여러 북미 원주민들의 전통을 제멋대로 가져왔다. 땀 빼는 오두막Sweat Lodge, 치유의 바퀴Medicine Wheel, 드림캐처Dreamcatcher, 수정(보석) 치유법과 같은 방법들은 모두 토착 문화에 뿌리를 두고 있다. 땀 빼는 오두막은 일종의 정화 의식으로, 열로 땀을 내어서 불순물을 내보내면 몸을 해독시키는 데에 도움이 된다고 한다. 체로키족을 포함해 북미 대륙에 사는 다양한 종족들이 이 방법을 사용했다. 치유의 바퀴(또는 신성한 원)는 정신적 요소와 신체적 요소, 영적인 요소의 지지와 상호 작용을 의미하는 것으로, 삶이 순환 또는 반복된다는 믿음을 보여 준다. 드림캐처는 벽 장식물로 대중적인 인기를 얻었지만, 사실 오지브와족 사람들은 잠자는 사람들, 그중에서도 아이들을 보호하는 부적으로 사용했다. 오지브와족은 드림캐처가 나쁜 꿈을 걸러 주고 오직 좋은 생각들만 마음속에 들어오게 해 준다고 믿었다.

수정 치유법을 지지하는 사람들은 수정이 힘의 원천이며, 분명히 살아 있는 존재이자 깊이 존중받아야 하는 존재라고 본다. 보석과 수정은 사람의 몸속으로 긍정적인 기운을 흘려보내는 길의 역할을 하며, 몸은 보석을 통해 부정적인 기운을 내보낸다.

수정(보석) 치유법은 어디에서 왔을까?

고대 이래 여러 문화에서 수정과 보석을 사용해 왔지만, 최초의 역사적 기록은 기원전 4500년에 메소포타미아 지역에서 일어난 수메르 문명이라고 일반적으로 알려져 있다.

고대 이집트인들은 죽은 이를 묻을 때나 수호의 장신구로 착용할 때 등 다양한 전통과 의식에서 청금석과 홍옥수, 석영 같은 수정류를 사용했다. 인도에서는 감정적인 불균형을 치유하기 위해 오랫동안 사파이어 같은 수정과 보석을 활용해 왔다. 또한 기운이나 생명력을 의미하는 도샤Dosha의 균형을 맞추려는 아유르베다 같은 치유법에서도 수정과 보석이 쓰였다.

옥은 고대로부터 중국의 치유법에서 확실한 존재감을 뽐내왔는데, 특히나 신장에 관련한 병을 고쳐 주는 뛰어난 능력을 지녔다고 여겨졌다. 수정과 보석은 전통적인 중국의학과 치료에 이용되는데, 예를 들어 침술에서는 가끔 날카로운 끝부분이 수정으로 된 침을 쓰기도 한다.

고대 그리스인들은 수정과 보석이 여러 수많은 치유와 수호의 능력을 지녔다고 믿었다. 철광석 중에서 적철석은 녹이 슬면 피처럼 붉은 색깔로 변한다. 고대 그리스인들은 이 현상을 전쟁의 신 아레스와 연결 지었고, 군인들은 전투에 나가기 전에 스스로를 보호하기 위해 적철석을 무기에 문지르곤 했다.

또한 앞서 언급했듯, 수정과 보석 치유법은 수천 년 동안 북미 원주민, 특히나 체로키족과 아파치족 문화의 일부이기도 했다. 그 의식과 전통은 입에서 입으로 전해졌다.

우리의 건강과 행복에 어떻게 도움이 될까?

수정 치유법의 효과를 주장할 만한 근거가 있는지에 대해서는 논의가 뜨겁다. 그러나 수정과 보석 치유법을 믿는 이들은 실제로 여러 가지 효능을 누리고 있다.

마노석(Agate)

마노석은 여러 미립질 석영이 결집한 돌로, 여러 가지 색깔과 무늬를 가지고 있다. 마노석은 마음을 진정시키고 보호해 주는 특성이 있으며, 가공된 마노석은 삶의 균형과 집중, 조화를 만들어 내는 데에 도움이 된다. 또한 인지능력을 강화해 주고 눈과 림프계를 치료하는 데에 도움이 되며 혈관을 튼튼하게 해 준다고 한다.

방해석(Calcite)

방해석은 바위를 만드는 탄산염 광물로, 대개 하얗거나 투명하지만 때로는 회색이나 갈색, 주황색이나 노란색인 경우도 있다. 이 돌에는 부정적인 기운을 씻어주는 강력한 기능이 있다고 하며, 방해석 신봉자들은 방해석이 신장의 기능을 높여 주고 뼈와 관절을 튼튼하게 해 준다고 믿는다.

자수정(Amethyst)

석영의 한 종류인 자수정은 대표적인 보라색 보석으로, 사람들은 자수정이 부정적인 기운을 막아 주는 강력한 보석이라고 믿는다. 자수정은 스트레스를 풀어 주고 만족감을 안겨 줄 뿐 아니라, 각성 효과를 지녔기 때문에 우리가 술과 음식, 약물에 빠지지 않게 막아 준다고 한다. 또한 자수정을 베개 밑에 놓아두면 불면증이 나아지고 좋은 꿈을 많이 꿀 수 있다.

혈석(Bloodstone)

옥수 계열에 속하는 혈석은 석영의 일종으로, '헬리오트로프'라고 불리기도 한다. 어두운 초록색 바탕에 밝은 빨간색 점이 점점이 박혀있다. 피를 맑게 하는 성질을 가졌으며 빈혈을 치료하는 데에 도움이 되고, 창의성과 용기를 북돋아 준다고 한다. 또한 조급한 성질과 공격성을 다스린다고도 알려져 있다.

홍옥수(Carnelian)

또 다른 옥수 계열에 속하는 이 보석은 보통 붉은 갈색이 감돌면서 반들거리는 반투명한 돌이다. 에너지와 창의성을 북돋기 위해 사용되며, 화를 가라앉히고 부정적인 감정을 내쫓아 준다. 또한 홍옥수는 자신감을 안겨 주며, 이를 몸에 지니면 자기 확신을 갖는 데에 도움이 된다고 한다. 골칫거리를 물리치는 데에도 사용될 뿐 아니라, 인대 치료에도 좋다고 알려져 있다.

옥(Jade)

옥은 경옥과 연옥이라는 두 가지 변성암으로 구분되며, 색깔은 아이보리 화이트부터 에메랄드 그린까지 다양하다. 옥은 보호석이자, 순수함과 지혜의 상징이다. 사랑과 보살핌을 이끌어 주며, 옥을 몸에 지닌 사람은 자신이 정말로 되고 싶은 모습을 갖출 수 있다. 독소를 제거해 주고, 신장병뿐 아니라 임신과 출산에도 도움이 된다고 한다.

석영(Quartz)

석영은 여러 암석에서 발견되며, 지구상에서 가장 풍부한 광물 가운데 하나이기도 하다. 순수 석영은 투명하거나 하얀색으로, 'Quartz'는 '얼음'을 의미하는 그리스어에서 나왔다. 석영은 '마스터 힐러'로 명성이 높다. 우리의 에너지를 흡수하고 저장하며, 이를 확장시키거나 조절할 수도 있기 때문이다. 또한 석영은 부정적인 생각과 감정을 마음에서 몰아내고 병을 앓는 이를 치유해 준다.

일상 속에서 수정(보석) 치유법을 실천하는 법

옥은 '수호'의 특성을 가진 덕에 현관에 두는 보석으로 인기가 많으며, 부와 행운을 기원하는 데에도 사용된다. 밤에 숙면을 취하지 못해 어려움을 겪고 있다면 자수정을 베개 밑에 두는 것이 좋다. 울퉁불퉁해서 불편함이 느껴진다면 침대 옆 탁자에 놓아두자. 또한 침실은 홍수정이 담긴 그릇을 놓기에도 훌륭한 장소다. 홍수정은 사랑과 행복의 기운을 북돋아 주는 데에 쓰인다.

물론 주의해야 할 점도 있다. 이 세상에는 자기가 보석 치료사라고 우기는 사람들이 많다. 뭐든 시도해 보기 전에 먼저 확실히 조사를 마치자.

수정 치유법이 점점 더 유명해지고 보석에 대한 수요가 커지자 전 세계적으로 거대한 상업 시장이 탄생했다. 이로 인해 환경 파괴, 광부들의 열악한 작업 환경, 아동 노동 착취 등을 포함해 여러 부정적인 문제들이 등장했다. 가끔은 수정의 원산지를 추적하는 일이 매우

어렵다 보니, 보석과 수정을 윤리적으로 공급하는 일은 이 산업에서 중요한 과제가 되었다. 수정은 대부분 다이아몬드 등 다른 상품을 얻기 위한 대규모 광업의 부산물로 채굴되기 때문이다. 이 수정과 보석을 어떻게 윤리적으로 조달하는지 밝힐 수 있는 상점, 즉 소규모 광산에서 물건을 공급받는 곳에서 구입하도록 하자.

돌체 파 니엔테

이탈리아

•

조금 게을러도
괜찮아

돌체 파 니엔테
이 탈 리 아

돌체 파 니엔테란?

베스파Vespa(개성 넘치는 디자인으로 유명한 이탈리아제 스쿠터)나 피자가 이탈리아어라는 사실을 알고 있는가? 이탈리아를 가본 적 있는 사람이라면 '돌체 파 니엔테Dolce Far Niente(아무것도 하지 않는 즐거움)' 역시 이탈리아어라는 이야기를 듣고서도 그다지 놀라지 않으리라. 이탈리아는 어떻게 인생을 살고, 또 잘 살 수 있는지를 아는 나라니까.

하지만 아무것도 하지 않는다는 것은 생각만큼 쉽지 않다. 대부분의 사람들에게는 비현실적인 사치이자, 이 바쁜 현대 사회에 결코 행동으로 옮길 수 없는 낭만적 관념처럼 느껴진다. 물론 우리는 모두 (심지어 이탈리아 사람들조차도) 매일 정해진 일을 마쳐야만 한다. 하지만 돌체 파 니엔테라는 개념은 운 좋은 소수의 사람들만 즐기는 것이 아니라, 이탈리아 문화의 일부다. 그리고 게으름이 아니라, 긴장을 푼 채 잠시 하던 일을 멈추고 달콤한 무위無爲를 즐기는 것을 가리킨다. 피아차의 공원 벤치에 앉아서 세상이 흘러가는 모습을 보든, 아페리티보(식전주) 한 잔에 석양을 감상하든, 혹은 저녁 식사를 한 뒤 밤 산책을 하든 간에 돌체 파 니엔테는 일상생활의 한 부분이다.

듣기 좋은 말이지만, 그렇다고 해서 매일매일 해야 할 일을 버리고 하루 종일 둘러앉아 햇빛을 받으며 와인을 홀짝이자고 제안하는 말은 아니다. 돌체 파 니엔테는 그저 입을 다물고 진정으로 그 순간에 존재하는 방식이다. 이는 우리의 하루에서 소중한 휴식이며, 더 나은 삶의 균형을 얻으려는 노력이다.

돌체 파 니엔테는 어디에서 왔을까?

돌체 파 니엔테, 즉 아무것도 하지 않는 즐거움이라는 말은 라틴어에 뿌리를 두고 있다. 'Dulcis(돌치스)'는 '달콤한', 'Facere(파체레)'는 '만들다' 혹은 '하다', 그리고 'Nec Entem(넥 엔템)'은 문자 그대로 '존재가 아닌'이라고 번역된다.

이 문구는 엘리자베스 길버트Elizabeth Gilbert의 소설 《먹고 기도하고 사랑하라》 덕에 이탈리아 밖에서도 어느 정도 유명세를 얻었다.

소설은 영화로도 만들어졌는데, 영화 중 어느 이발소의 한 이탈리아 남자가 줄리아 로버츠가 연기한 인물에게 "미국인들은 진짜 인생을 살면서 기쁨을 경험하는 방법을 모른다"라고 말하는 장면이 등장한다. 그리고 또 다른 이탈리아 남자가 맞장구를 치면서 돌체 파 니엔테라는 이탈리아식 개념을 설명한다.

믿을 수 없을 만큼 매력적인 마을 뒤편에 눈이 쌓인 봉우리가 툭 놓였다든지, 언덕마다 에메랄드빛 카펫 위로 포도나무가 레이스처럼 둘러졌다든지, 옥색 바닷물이 밀려들어 오는 바위투성이 해안가라든지, 호화로운 건축물로 만들어진 도시라든지… 이탈리아는 장엄하고 아름다운 경치를 불공평할 정도로 많이 보유했다. 이런 나라의 사람들이 그저 자리에 앉아 경치에 흠뻑 빠져들며 휴식을 취하는 것은 당연한 일이다.

우리의 건강과 행복에 어떻게 도움이 될까?

우리 대부분은 아무것도 하지 않는다는 것을 거의 상상도 하지 못한다. 마치 게으름을 피우거나, 비생산적이라거나, 무언가 나쁜 일을 하는 듯이 느껴지니까! 우리는 앉아서 휴식을 취하거나 긴장을 풀려고 애쓰다가 저도 모르게 'SNS나 좀 살펴봐야겠어', '지금 부엌에 다시 페인트칠을 해야 하는데'와 같은 생각을 하곤 한다.

우리는 스스로에게 마냥 게으름을 피우고 뇌가 오롯이 휴식을 취하면서 기쁨을 느낄 수 있는 자유를 절대 허락하지 않는다. 그러나 게으름을 허락하면 수없이 많은 이익을 얻을 수 있다. 만약 아무것도 하지 않는다는 개념이 와 닿지 않는다면, 다음과 같이 건강과 웰니스에 잠재적으로 이득이 되는 점들을 참고해 보자.

◇ 몸과 마음의 배터리를 다시 충전하고 재설정하면서 너무 많은 스트레스로 번아웃되는 일을 막을 수 있게 도와준다.

◇ 여러 연구에 따르면 아무것도 하지 않는 시간을 가지면 창의력과 문제 해결 능력이 향상되고, 잠재의식 속 공간을 깨끗이 정화할 수 있다.

◇ 휴대폰 및 현대 기술과의 단절은 우리가 진짜 세계와 자연, 다른 사람들과 다시 연결되는 데에 도움이 된다.

◇ 우리는 우리 뇌의 '다운 타임', 즉 작동불가시간을 정하고 정신 건강을 다독일 수 있다. 혼자 생각에 잠기는 행위만으로도 내면에서 어떤 일이 벌어지는지, 무슨 감정을 느끼고 어떻게 대처하고 있는지 깨닫는 데에 도움이 된다. 언제나 바쁘게만 지내다가는 중요한 신호를 놓칠 수도 있다.

이탈리아 어디에서 돌체 파 니엔테를 만날 수 있을까?

돌체 파 니엔테의 고향인 이탈리아에서는 아무것도 하지 않는 즐거움에 흠뻑 빠질 수 있는 기회와 시나리오가 수도 없이 많다. 아름다운 저택의 정원을 감상하는 일부터, 바위투성이 해변에 앉아 모래 위로 찰랑거리는 파도를 바라보는 일까지. 그리고 피아차의 어느 레스토랑 테라스에 앉아 식전주를 홀짝이는 일부터, 도시를 탐험하며 수제 젤라토를 종류별로 시식하는 일까지. 이탈리아 사람들처럼 라돌체 비타La dolce vita(근심 걱정 없는 삶)를 원한다면, 돌체 파 니엔테를 경험할 수 있는 훌륭한 장소들이 몇 군데 있다.

빌라 카를로타(Villa Carlotta)

코모Como 호숫가만큼 아무 일도 하지 않기에 제격인 곳은 그 어디에도 없다. 전면에 펼쳐진 호수와 산, 그리고 엽서 그림처럼 완벽한 마을이 만들어내는 엄청난 광경에 흠뻑 빠져 보자. 혹시 따분해지면 호숫가에 있는 빌라 카를로타의 화려한 식물원으로 향해 보는 것도 좋다. 2만 4200평(8만 제곱미터)의 이 정원은 온갖 색깔로 터져 나갈 듯 채워져 있고, 긴장 완화와 휴식을 도와줄 선바위도 있다.

:: 참고 사이트: villacarlotta.it

로마의 피아차들(Rome's Piazzas)

로마의 피아차들에서 현지인들이 하는 대로 따라 하며 휴식을 취하자. 지나다니는 사람들을 구경하는 즐거움은 덤이다. 피아차 나보나Piazza Navona는 도시 한복판에 우아한 궁전과 웅장하고 화려한 분수들, 그리고 길거리 예술가들이 어우러지는 특별한 광장이다. 사람들을 구경할 수 있는 궁극의 장소를 찾는다면 스페인광장의 스페인계단에 꼭 앉아 보자. 광장에서부터 트리니티 데이 몬티 성당까지 이어지는 135개의 계단 위에서 놀랍도록 멋진 로마의 풍경을 만나볼 수 있다. 그러나 굳이 귀찮게 그 많은 계단을 오르고 싶지 않다면 그저 가만히 서서 돌체 파 니엔테를 즐기는 중이라고 우겨 봐도 좋다.

아말피 해안(Amalfi Coast)

이탈리아에서 가장 유명한 해안 지대인 아말피 해안에서는 좀 더 눈이 번쩍 뜨일 광경이 우리를 기다리고 있다. 이곳에서는 매혹적인 푸른 바다와 햇빛 쏟아지는 우아한 마을을 바라보는 기회를 마음껏 누릴 수 있다. 그래도 지겹다고? 설마, 그렇지 않을 것이다.

베니스(Venice)

이 마법과도 같은 수상도시는 배에 탄 관광객들을 충분히 끌어들일 만하다. 물론 아카데미아 미술관이나 페기 구겐하임 미술관에서 작품을 감상할 수도 있지만, 베니스는 그 자체로 걸작품이다. 이곳에서 시간을 보낼 때의 묘미는 무엇일까? 그저 산 마르코 광장에 앉아 주변 건축물의 위엄을 감상하며 현지인들의 생활 방식을 부러워한다거나, 미로처럼 복잡한 뒷골목을 헤매다가 다리 한가운데에 멈춰 서서 발아래로 미끄러져 지나가는 곤돌라를 구경하거나, 그 곤돌라를 타고 좁은 운하를 항해하는 것이다.

투스카니(Tuscany)

투스카니는 물결치는 언덕과 포도밭, 올리브 과수원, 그리고 매력적인 언덕 위 마을이 만들어 내는 목가적인 풍경으로 유명하다. 산 지미냐노의 중세시대 탑들부터 빨간 도시 시에나, 그리고 피렌체에 남아 있는 르네상스 시대 보물들까지 감상할 수 있다. 길을 따라가며 포도밭 풍경과 지하 저장고로 통하는 문, 그리고 예스러운 마을을 찬찬히 마음속에 새기고, 피렌체 우피치 미술관의 숭고한 예술 작품 앞에 서 보자. 어디에 있든 휴식을 취하면서 주변 풍경을 감상하고 정처 없이 헤매고 다니는 맛을 한껏 즐긴 후, 숙소로 돌아가 거리낌 없이 낮잠을 청해 보자.

돌체 파 니엔테!

일상 속에서 돌체 파 니엔테를 실천하는 법

아침에 '오늘 해야 할 일' 목록을 떠올리면서도 이불을 뒤집어쓰고 계속 침대에 누워 있고 싶을 때가 있는가? 엄청난 교통 체증을 뚫고, 아니면 만원 지하철에서 다른 승객들의 팔꿈치에 찔려가며 출퇴근을 하는 동안 몇 시간만이라도 혼자 조용히 있을 수 있기를 바라는가? 일이나 공부를 마치고 방전된 채로 집에 돌아왔을 때, 또다시 저녁 준비를 하고, 집을 정리하고, 화상 회의를 하거나 빨래를 해야하는가? 가끔은 그저 아무것도 하지 않기를 바란 적은 없는가? 이쯤에서 이탈리아 사람들은 모든 문제를 돌체 파 니엔테로 풀어낸다. 가히 천재적이다.

많은 이들이 스케줄과 약속, 업무, 허드렛일, SNS와 행사들로 끝없이 빙빙 돌아가는 쳇바퀴에 갇혀 있다. 어떻게 하면 그곳에서 빠져나와 말 그대로 페인트가 마르거나 풀이 자라나는 모습을 잠시 지켜볼 수 있을까?

죄책감 버리기

아무것도 하지 않으면 엄청난 죄책감이 따르기 마련이다. 그리고 자의 혹은 타의에 의해 압박을 받으며 '끊임없이 바쁘게 지내는 것'이 성공의 징후라고 생각하게 된다. 다른 사람들이 어떻게 생각할지는 그만 걱정하자. 계속 부지런해야 한다고 스스로를 옥죄는 것도 그만하자. 그것이 바로 아무것도 하지 않음을 즐기기 위한 첫 번째 단계다.

스마트폰 내려놓기

우리는 '아무것도 하지 않는다'라는 말을 목적 없이 스마트폰을 뒤적거리는 것으로 착각한다. 대부분의 사람들은 혼자 조용히 생각하는 것이 어떤 것인지를 잊고 말았다. 즐거움과 편리함을 선사하는 스마트폰이나 전자 기기에서 벗어나, 정말로 아무것도 하지 않는다는 것은 어떤 느낌일까? 물론 전자 기기를 멀리하는 것이 쉽지는 않겠지만, 디지털 기술과 연결되어 있는 한 우리는 아무것도 하지 않는 상태가 될 수 없다. 연결을 끊자. TV를 끄고, 전화나 노트북 또는 태블릿을 저 멀리 떨어뜨려 놓자. 처음에는 15분 동안 연결을 끊는 것으로 시작해서 그다음에는 30분, 그 후에는 몇 시간 동안 실천한 뒤, SNS를 끊임없이 확인하지 않고도 하루 종일 지낼 수 있는지 보자.

차분히 앉아서 가만히 있기

안락의자에 웅크리고 앉아 창밖을 내다보면 어떨까? 발코니 한구석에 자리를 잡고 저 아래에 펼쳐진 거리를 내려다보자. 피크닉 돗자리에 누워서 구름을 올려다봐도 좋다. 마음을 달래주는 음악을 틀고, 자리에 앉아서 귀를 기울이자. 가만히 있지 못하고 꼼지락거리는 대신 그냥 편안히 있으려고 노력해 보자. 뭔가를 해야 할 필요 없이 혼자서 생각에 잠기는 것이다. 평소에는 그럴 기회를 거의 갖지 못하는 만큼, 가능한 한 오래도록 그 시간을 만끽하도록 하자.

남겨 두기

설거짓거리, 이메일, 빨래… 그게 무엇이든 간에 도망가지는 않을 것이다. 항상 해야 할 일을 완수하는 데 너무 집착하지 않도록 노력하자. 아침까지 설거지가 남아 있어도 괜찮다. 다운 타임에 우선순위를 두자. 다운 타임이 일상의 습관이 될 때까지 아예 처음부터 하루 계획에 포함시키는 것도 좋은 방법이다.

피카

스 웨 덴

·

이케아, 아바
그리고 피카

피카
스 웨 덴

피카란?

간단히 말해서 피카Fika는 보통 페이스트리를 곁들여 커피나 차 한 잔을 마시며 보내는 휴식 시간을 의미한다. 보너스라고나 할까? 이 활동은 상당히 단순하다. 그래서 스웨덴 문화 속 피카의 중요성을 간과할 수도 있지만, 이 휴식 시간은 일상의 필수품처럼 여겨지며 스웨덴의 사교 생활에서 떼려야 뗄 수 없는 부분이기도 하다.

그저 따뜻한 음료를 즐기기 위해 자리에 앉는 것만이 피카의 전부는 아니다. 피카는 하루 중 휴식할 시간을 마련하고, 속도를 늦추고 인연을 맺는 방식이다. 혼자서도 피카를 누릴 수도 있고 친구나 가족, 동료들과 함께 즐길 수도 있다. 또한 카페, 집, 직장, 공원 등 장소가 어디든지 피카를 할 수 있다.

스웨덴은 엄청난 커피 소비국으로, 스칸디나비아반도에 있는 나라들은 하루에 마시는 커피의 양이나 1인당 마시는 커피의 양 모두 전 세계적으로 1위를 차지하고 있다. 따라서 커피가 피카의 두드러진 특징인 것은 놀랍지도 않다. 하지만 꼭 커피가 아니라 차를 마셔도 괜찮다. 피카로 말할 것 같으면, 세부적인 내용은 전혀 중요치 않다. 중요한 것은 바쁜 일과와 일상적인 부담에서 벗어나는 것이다. 피카는 홀로 앉아 반성하고 마음을 정화하거나 혹은 수다를 떨고 안부를 물으며 다른 사람들과 교류하기 위한 시간이다.

피카는 어디에서 왔을까?

"Ska vi fika(스카 비 피카)?"

"우리 피카 할래?"라는 뜻의 이 말은 이케아와 아바ABBA만큼이나 철저히 '스웨덴적인' 문구다. 피카는 스웨덴에서 오랫동안 지켜 온 전통이며, 정확한 어원은 거의 알려져 있지 않으나 1913년 정도까지 거슬러 올라가 시작된다고 여겨진다. 피카라는 단어는 커피를 뜻하는 옛 스웨덴어 '카피Kaffi'에서 비롯되었으며, 음절을 반대로 뒤집은 다음 단어를 살짝 바꿔서 '피카'가 된 것이다.

여러 나라에서 커피는 '가는 길에 들고 마시는' 문화에 좀 더 치우친 경향이 있다. 바쁜 아침, 현관문으로 뛰쳐나가기 직전에 혀가 데일 정도로 뜨거운 커피를 만들어 홀라당 마시기도 하고, 아니면 점심 시간에 짬을 내어 동네 카페에 들려 커피를 테이크아웃하기도 한다. 피카는 이런 문화와는 정반대다. 피카 문화에서는 커피를 마시는 시간을 '자기 자신을 위해 따로 시간을 내어 주는 중요한 순간'으로 취급한다. 대다수의 서구국가와는 달리, 스웨덴의 카페에서는 노트북을 펴 놓고 일하는 사람들이 많지 않다. 피카에서 중요한 것은 친구들을 만나서 수다를 떨거나 조용히 책을 읽으며 앉아 있는 것이며, 현재의 순간을 음미하는 것이다.

스웨덴의 직장에서도 피카는 결코 놓칠 수 없다. 대부분의 사무실과 회사에는 피카 룸Fika room이 있어서, 직원들은 책상에서 커피를 마시거나 점심을 먹는 대신 피카 룸에서 제대로 된 휴식을 취할 수 있다. 이곳은 컴퓨터 화면을 멀리하는 시간을 가지고, 잠시 동안 수다를 떨거나 마음에서 일을 내려놓을 수 있는 전용 장소다. 스웨덴 기업들은 피카가 생산성과 효율성, 그리고 직원들의 전반적인 복지를 향상시킨다고 믿는다. 가끔 직원들은 사무실에서 피카를 하며 나눠 먹기 위해 집에서 구운 케이크와 쿠키를 가져오기도 한다.

우리의 건강과 행복에 어떻게 도움이 될까?

스웨덴은 세계에서 가장 행복한 사람들이 사는 곳으로 유명하며, 매년 발표하는 세계행복보고서에서 꾸준히 상위권에 오르는 나라다. 그러니 이 피카 문화에 특별한 뭔가가 있는 것이 아닐까? 전적으로 휴식을 취하는 것은 건강과 행복에 많은 도움이 된다.

생산성을 향상시킨다

업무나 일과에서 잠시 멈춤의 시간을 가지는 것은 직관적으로 봤을 때 생산성을 높이는 것과는 멀게 느껴진다. 하지만 실제로는 조금 다르다. 사람들이 전반적으로 행복해지고 웰빙을 누릴 때 생산성이 올라갈 가능성이 높다. 스웨덴에서 가장 잘나가는 기업들이 하루에 두 번, 아침과 오후에 피카를 즐기도록 직원들에게 당부하는 이유가 여기에 있다.

관계 형성에 도움이 된다

직장에서 커피를 마시며 수다를 떠는 것은 동료들과 더 효율적인 업무 관계를 유지하는 데에 도움이 된다. 피카는 더 깊고 의미 있는 우정을 쌓을 수 있도록 도와준다.

집중력을 향상시킨다 ─────────

다양한 연구들에 따르면, 업무 중에 15분의 휴식을 취하는 것만으로도 기분 전환이 되고 집중력을 유지하면서 번아웃을 피하게 도와준다고 한다.

더 나은 정신 건강을 위해 ─────────

번아웃을 피하고 우리 마음이 휴식을 취하면서 재정비할 수 있는 시간을 가진다면 정신 건강은 나아질 것이다. 또한 사람들과 끈끈한 관계를 맺는 것은 건강한 마음과 정신적 웰빙을 누리기 위한 또 하나의 체크포인트가 된다.

스웨덴 어디에서 피카를 만날 수 있을까?

스웨덴 구석구석에서 다양하게 피카를 누릴 수 있다. 스톡홀름만 해도 아늑하고 전통적인 커피하우스부터 현대적이고 힙한 부티크 카페까지 수백 곳의 카페가 우리를 기다린다. 스웨덴에서 피카를 맛볼 수 있는 전통적인 장소로는 콘디토리Konditori가 있다. 콘디토리는 일종의 커피하우스와 파티세리가 결합된 곳으로, 다양한 차와 커피, 페이스트리를 제공한다.

스톡홀름 로젠달 정원 카페[Rosendals Trädgårdskafé]

로젠달 정원 카페는 피카를 하기에 아주 멋진 환경인 식물 보호구역에 자리하고 있다. 이 카페는 현지에서 유기농법 및 생명역동농법으로 직접 기른 제품들을 사용하며, 바로 옆에 있는 베이커리에서는 갓 구워낸 빵과 페이스트리, 그리고 잼을 구입해 집이나 숙소로 가져갈 수 있다. 여름철에는 과수원 사이사이의 풀밭에 앉아 햇볕을 만끽할 수도 있다.

:: 참고 사이트: rosendalstradgard.se

스톡홀름 베테-카텐[Vete-Katten]

스톡홀름의 명물로서, 약 1920년대부터 운영해 온 매력적이고 고풍스러운 카페다. 안쪽에 놓인 아늑한 테이블에 자리해 보자. 기분 좋게 복잡한 카페의 구석구석으로 신선한 계피와 카다멈롤의 향이 더해진다. 커피에 곁들일 든든한 한 끼를 원한다면 속을 잔뜩 채운 두툼한 샌드위치도 맛볼 수 있다.

:: 참고 사이트: vetekatten.se

스톡홀름 그릴스카 위제 콘디토리[Grillska Husets Konditori]

스톡홀름 구시가의 중심가, 조약돌이 깔린 역사적인 감라 스탄Gamla Stan 광장에 자리한 베이커리다. 오븐에서 구워 낸 간식들이 유혹적인 향을 풍기며 우리에게 손짓한다. 길거리를 향해 난 테라스 자리는 햇빛 좋은 날 피카로 시간을 보내기에 완벽하다.

일상 속에서 피카를 실천하는 법

우리 대부분은 이미 매일 틈틈이 커피나 차를 마시며 휴식 시간을 가진다. 그러니 이 시간을 피카로 바꾸기 위해 한 걸음 더 나아간다 해도 그다지 큰 무리는 되지 않을 것이다. 중요한 변화는 그저 커피나 차를 마시는 시간을 대하는 우리의 태도에 달렸고, 그 시간을 좀 더 마음을 담은 경험으로 만드는 것이 필요하다.

일터에서 피카 즐기기

일터의 탕비실에서 뜨거운 차나 커피를 재빨리 끓인 뒤 계속 업무를 하기 위해 서둘러 음료를 들고 책상으로 돌아오곤 한다면, 우선은 그 습관부터 바꿔야 한다.

10분에서 15분 정도라도 업무 상황에서 벗어나기 위해, 음료를 곁들여 앉아 있을 수 있는 조용한 장소를 찾아보자. 주말에 무엇을 할 계획인지, 그날 저녁에 무슨 요리를 할 것인지, 가족과

친구들이 어떻게 지내는지 등 일과 상관없는 것들을 생각하자. 마음이 제멋대로 흘러가게 내버려 둔 다음, 상쾌하고 재정비된 기분으로 업무에 복귀할 수 있도록 하는 것이다. 소소하게 사람들과 어울리는 게 좋다면, 차나 커피를 마시는 동안 동료 한두 명에게 가벼운 수다나 떨자고 청하자. 집에서 구운 빵이나 과자를 일터로 가져와 펼쳐 놓고 동료들과 나눠 먹는 것도 좋다.

집에서 피카 즐기기

집에 있을 때도 똑같은 개념을 적용할 수 있다. 식기세척기에 접시를 채워 넣거나 TV를 보거나 빨래를 접거나 아이들에게 밥을 먹이는 틈틈이 커피를 벌컥벌컥 들이마시지 말자. 오롯이 휴식을 위한 휴식 시간을 만들어야 한다. 아침에 커피를 홀짝이며 정원에서 햇빛을 쬔다거나, 오후에 차 한 잔을 끓여 창가에 앉아 하루를 반성한다거나, 친구 한 명과 동네 카페에 가서 요즘 어떻게 지내는지 진심으로 안부를 나눠 보자.

피카를 위해 친구를 집에 초대했다면, 차와 간식을 예쁜 찻잔과 그릇에 담아 대접하고 모든 것을 아름답게 준비해서 스웨덴 문화에서 피카가 지닌 중요성을 보여 주는 것이 좋겠다.

베이킹 해 보기

스웨덴에서는 피카에 간식을 곁들이는 것을 아주 중요하게 여긴다. 스웨덴인들이 즐겨 찾는 빵과 페이스트리의 범위는 아주 넓으며, 전통적이고 유명한 요리법 역시 다양하다. 스웨덴 사람들이 가장 좋아하는 빵에는 카넬불레Kanelbulle라고 하는 시나몬롤과 카르데뭄마불레Kardemummabulle라고 하는 카다멈롤 등이 있다. 카넬불레에 대한 스웨덴 사람들의 애정은 어찌나 진심인지, 10월 4일이 시나몬롤을 기념하는 국경일일 정도이다. 또한 피카는 간단한 식사가 될 수도 있는데, 구운 과자와 페이스트리를 스모가스smörgås라고 부르는 오픈 샌드위치로 대체하는 것이다.

또한 자신이 먹을 간식을 직접 구울 수도, 아니면 베이커리에서 사 올 수도 있다. 보통 집에서 구운 빵을 더 선호하기는 하지만, 간식을 고르는 일은 그다지 중요하지 않다. 중요한 것은 행위 그 자체다. 다시 말해 사랑하는 사람이나 동료들과 상호 작용을 하고 마음에 한 점 휴식을 안겨 주는 것이다. 베이킹에 그다지 취미가 없다 해도 걱정할 필요 없다. 가까운 이케아에 가면 보통은 미리 구워 둔 냉동 시나몬롤을 살 수 있으니까!

시나몬롤(카넬불레)
만들기

20개분

밑반죽
- 무염버터 50그램
- 우유 1컵(200밀리리터)
- 드라이이스트 7그램(2티스푼)
- 일반 밀가루 375그램(3컵)
- 흑설탕 2테이블스푼
- 백설탕 55그램
- 소금 1/4 티스푼
- 카다멈 가루 1테이블스푼

필링
- 실온에 둔 버터 55그램
- 흑설탕 45그램
- 시나몬 1테이블스푼

장식
- 달걀 1개 저어 놓기
- 우박설탕(취향에 따라)
- 아몬드 박편(취향에 따라)

1. 밑반죽을 만들기 위해 버터를 커다란 소스 냄비에 녹이고 우유를 넣은 뒤 불에 올려 가볍게 끓인다. 불에서 내린 뒤 손으로 만져서 따뜻한 정도로 식히고, 이스트를 넣어 녹을 때까지 젓는다.

2. 커다란 믹싱볼에 밀가루, 설탕, 소금, 그리고 카다멈을 섞는다. 가운데를 우묵하게 파고 젖은 재료들을 붓는다. 대충 반죽이 잡힐 때까지 나무 숟가락으로 섞는다.

3. 깨끗한 판에 반죽을 뒤집어 놓고 5분 동안 주무른다. 반죽이 너무 끈 적거리면 밀가루를 조금 더 섞는다. 일단 반죽이 완성되면, 밀가루가 묻은 그릇으로 옮기고 비닐랩과 깨끗한 천으로 덮는다. 반죽이 부풀 어 오르도록 약 45분 동안 어둡고 따뜻한 곳에 그릇을 놓아둔다.

4. 오븐을 220도까지 예열한다.

5. 필링(속)을 준비하려면 버터와 흑설탕, 시나몬을 그릇에 담고 부드러 운 반죽처럼 보일 때까지 휘젓는다.

6. 일단 반죽이 부풀어 오르면 그릇 안에서 치대어 납작하게 만든 뒤 반 으로 나눈다. 두 반죽 중 하나를 약 3밀리리터 두께의 직사각형 모양 이 되도록 밀대로 민 뒤 필링의 반을 그 위에 골고루 펴 바른다.

7. 반죽을 긴 모서리부터 단단히 말기 시작해서 달팽이처럼 보이게 만 든 다음, 이 반죽 덩이를 10등분으로 자른다. 남겨뒀던 나머지 반죽을 가지고 6번과 7번 단계를 반복한다.

8. 유산지를 깐 오븐용 팬 위에 자른 단면이 위로 올라오게 반죽들을 놓 은 뒤 그 위에 풀어 놓은 달걀을 발라 준다. 취향에 따라 우박설탕과 아몬드 박편을 뿌린다.

9. 팬을 오븐 안에 넣고 온도를 190도까지 내린 뒤 빵이 노릇노릇한 갈 색이 될 때까지 10분에서 15분 정도 굽는다.

안나 브로네스와의
인터뷰

스웨덴계 미국인으로서 자유 기고가이자 예술가로 활동하고 있는 안나 브로네스Anna Brones는《피카: 스웨덴식 휴식 시간의 예술 Fika: The Art of the Swedish Coffee Break》의 공동 저자다.

Q. 피카를 할 때 가장 좋아하는 장소는 어디인가요?

저는 개인적으로 야외에서 하는 피카를 좋아해요. 이때의 피카는 자전거를 타러 가면서 보온병에 든 커피와 간식을 챙긴다는 의미일 수도 있고, 또 햇빛 좋은 날 우리 집 바깥에서 커피 마시는 시간을 가진다는 의미일 수도 있죠.

Q. 피카 시간을 가질 때 어떤 간식을 곁들이나요?

제가 가장 좋아하는 피카 간식은 카다멈롤이에요. 하지만 자주 만들지는 않죠. 카다멈롤은 정말로 특별한 간식이거든요. 저는 초클라드볼라Chokladbollar도 좋아하는데, 초클라드볼라는 버터와 귀리로 만든 초콜릿 볼이에요. 만들기가 꽤나 간단해서, 피카용 간식이 갑자기 간절하게 생각날 때 쉽게 떠올릴 수 있는 요리법이에요.

피카가 행복과 웰빙에 도움이 되는 점은 무엇일까요?

피카를 위한 시간을 가진다는 것은 일상에서 잠시 벗어날 시간을 가진다는 의미예요. 컴퓨터 앞에 앉아서 뉴스 화면을 훑으면서 마시는 커피가 아니니까요.

가끔 피카는 사회적 활동으로서 친구들과 함께 앉아 있는 멋진 시간이 되기도 하지만, 혼자서도 할 수 있어요. 저는 우리가 그저 이 순간에 머무르는 시간을 가지는 게 웰빙을 위해 중요하다고 생각해요. 우리가 무엇을 해야 하는지, 또는 어떤 스케줄이 있는지에 집중하지 않고 우리의 마음이 자유롭게 거닐 수 있는 잠깐의 순간만으로 우리는 현재의 위치에서 만족감을 찾을 수 있어요.

프리루프트슬리브

노르웨이

•

핑계가
통하지 않는 나라

프리루프트슬리브
노 르 웨 이

프리루프트슬리브란?

 세계행복보고서에서 스칸디나비아반도에 있는 나라들이 꾸준히 최상위권을 차지한다는 사실은 이미 널리 알려져 있다. 그리고 노르웨이 역시 예외는 아니다. 이 행복의 일부는 노르웨이어 단어 하나로 귀결되는데, 번역하기는 쉽지 않지만 대략 '자유로운 야외 생활'이라고 볼 수 있다. 프리루프트슬리브Friluftsliv는 야외 생활은 물론 노르웨이 사람들의 자연 사랑, 그리고 야생으로 나가는 것을 의미한다. 중요한 것은 이 개념이 자연을 어지럽히거나 파괴하는 일 없이 자연을 즐긴다는, 즉 깊은 존경심을 품고 자연을 대한다는 의미라는 것이다.

 프리루프트슬리브는 노르웨이 문화와 사회에서 필수적이다. 만약 야외를 좋아하지 않는 사람이라면 기본적으로 노르웨이에 있을 필요가 없는 것이다. 다른 나라에서 가벼운 주말 활동으로 여겨지는 것이 노르웨이에서는 종교나 다름없다. 야외 활동과 자연으로 돌아가는 것에 대한 노르웨이 사람들의 열정은 국민성의 일부다. 아이들은 아주 어렸을 때부터 자연과 어떻게 상호 작용하는지를 배우고, 스키나 생존 기술 같은 야외 활동도 배운다. 노르웨이에는 심지어 프리루프트슬리브에 대한 법까지 존재한다. 1957년 개정된 야외 레크리에이션 법Outdoor Recreation Act에 등장하는 '방랑할 권리'는 환경에 대한 존경과 배려를 보이는 한, 누구든 자유롭게 방랑하고 어디에서든 야영을 할 수 있는 권리를 가졌음을 명시한다.

여기서 한 가지 의문이 들 수도 있다. "노르웨이는 솔직히 야외활동을 하기에는 정말 어이없을 정도로 춥지 않나?" 물론 대부분이 그렇다. 하지만 노르웨이에서 이런 핑계는 통하지 않을 것이다. 눈, 얼음, 빙하… 노르웨이 사람들은 우리 대부분이 바깥 활동에 방해가 된다고 생각하는 요소들을 바깥에 나가야 할 멋진 이유라고 생각하니까 말이다!

프리루프트슬리브는 어디에서 왔을까?

프리루프트슬리브의 개념은 몇 세기 동안 노르웨이 문화의 일부로 자리 잡고 있었지만, 처음으로 이 단어가 대중에게 알려진 계기는 1859년 노르웨이의 극작가 헨릭 입센이 쓴 〈고원에서On the heights〉

라는 시다.

노르웨이 사람들의 자연에 대한 타고난 열정은 아마 그만큼 자연과 가까이하기 쉽기 때문에 생겨났을 것이다. 노르웨이는 웅장한 빙하와 울창한 숲, 그리고 경이로울 정도로 깎아지른 피오르를 자랑한다. 그리고 그 눈부신 풍경을 하얀 눈이 뒤덮고 있는, 숨이 멎을 만큼 아름다운 나라인 것이다.

우리의 건강과 행복에 어떻게 도움이 될까?

스트레스를 줄여 준다

우리에게 걱정과 긴장, 스트레스를 안겨 주는 것이 무엇이든, 야외 활동은 그로부터 벗어날 수 있게 해 준다. 우리는 모든 것을 잠시 뒤에 남겨 둔 채 자기 자신과 주변의 자연 세계에 집중하게 되며, 이는 몸과 마음을 진정시켜 주고 스트레스 수준을 낮추는 데에 도움이 된다.

창의성과 생산성을 높여 준다

자연으로 나가는 것은 마음을 정화하고 재정비하는 데에 도움을 준다. 여러분은 마음이 움직이는 속도를 늦추고 좀 더 신중하게 생각할 수 있는 기회를 얻게 된다. 잠시 휴식을 가질 때 여러분은 번아웃을 피하고 다시 최고의 성과를 낼 수 있다.

인간관계를 튼튼하게 해 준다

많은 노르웨이 사람들에게 있어 프리루프트슬리브는 단순히 자연에서 혼자 시간을 보내는 것이 아니라, 친구나 가족들과 함께하는 중요한 사교 생활이다. 주말 하이킹과 스키 여행, 얼음낚시를 통해 인연을 쌓고 사이를 돈독하게 만들어 갈 수 있다. 그리고 집안일이나 숙제 등 일상의 스트레스로부터 떨어져 소중한 시간을 보낼 수 있다.

질병과 질환의 위험도를 낮춘다

여러 연구에 따르면 자연과 야외에 노출되면 심혈관질환과 제2형 당뇨병의 위험이 줄어들고 혈압이 낮아지며 전체적으로 면역체계가 강화되는 등 모든 건강에 도움이 된다.

회복탄력성과 개성을 키운다

자연에 있으면 우리는 자신만의 안락 지대에서 벗어나 도전할 수 있다. 특히나 극한의 야외 모험에 뛰어들기 좋아하는 노르웨이 사람들에겐 더욱 그렇다. 힘겨울 수도 있는 상황에서 자기 자신에게 도전하고, 위험을 무릅쓰며, 새로운 무언가를 시도할 때 비로소 회복탄력성과 용기 그리고 정신력을 키울 수 있다.

자연은 긴장을 풀고 마음을 가라앉히는 데에 도움이 되며, 수면의 질을 높이는 첫걸음이 된다. 집이나 사무실에서 쐬는 인공적인 불빛에서 벗어나 자연광에 노출되는 일은 우리의 생체 시계를 조절하는 데에도 도움이 된다.

노르웨이 어디에서 프리루프트슬리브를 만날 수 있을까?

그림 같은 풍경과 여러 군데의 국립공원 덕에 노르웨이 어디에서든 프리루프트슬리브를 경험할 수 있다. 야외 탐험을 사랑하는 모든 이에게 노르웨이는 꿈의 여행지다. 산책로와 등산로는 여름 등산을 즐기기에 부족함이 없고 다양한 겨울 활동도 가능하다. 대부분의 노르웨이인들은 자연과 가깝게 살아가며, 오슬로에서조차 30분도 채 안 되는 시간 안에 도시를 탈출해 숲으로 갈 수 있다.

요툰헤이멘 국립공원(Jutunheimen National Park)

이 국립공원은 빙하 60개와 노르웨이에서 가장 높은 봉우리인 갈회피겐 Galdhøpiggen이 있는 곳이다. 이 이름은 '거인의 고향'이라고 번역할 수 있는데, 200여 개의 산그늘을 따라 걷다 보면 그 이유를 알게 된다. 이곳에서 가장 인기가 많은 길은 베세겐Bessegen 능선으로, 믿기 어려울 정도로 아름다운 공원이자 야외 활동 마니아들이 반드시 가 봐야 할 장소다.

프레케스톨렌(Preikestolen)

프레케스톨렌 또는 설교단 바위Pulpit Rock는 노르웨이의 가장 상징적인 지형이다. 이 바위는 뤼세피오르Lysefjord의 물 위로 가파른 절벽에 인상적으로 자리 잡고 있다. 이 바위에 오르기 위해서는 두 시간 동안 등반을 해야 하는데, 이 정도면 노르웨이에서는 아이들 장난이나 마찬가지다. 그리고 노르웨이에서 가장 아름다운 절경을 볼 수 있는 만큼 그 정도는 걸을 가치가 있다.

개썰매

한 무리의 허스키가 끄는 썰매를 타는 전형적인 북극 체험을 해 보자. 우리는 노르웨이에서 가장 북쪽에 있는 카라쇼크Karasjok에서 진정한 야생을 목도할 수 있다. 가볍게 몇 시간 동안 썰매를 타는 편을 선택할 수도 있고, 아니면 좀 더 하드코어하게 며칠 동안 썰매 여행을 떠날 수도 있다.

릴레함메르(Lillehammer)에서 스키 타기

어마어마한 눈과 함께 기나긴 겨울 덕에 노르웨이는 세상에서 스키 타기에 가장 좋은 나라다. 노르웨이 전역에 활강 스키나 크로스컨트리 스키를 할 수 있는 스키 리조트가 수백 개 있다. 그중에서도 릴레함메르 지역은 최고로 꼽히는데, 올림픽용 슬로프가 하나도 아니고 두 개나 있다. 바로 하펠Hafjell 과 크비트펠Kvitjell이다.

스발바르(Svalbard)에서 스노모빌 타기

초보 스키어가 아님에도 험한 지형을 즐기기보다는 찬찬히 스키를 타는 쪽에 가까운가? 그렇다면 웃음거리가 되거나 부상을 입지 않고도 눈 나들이를 갈 수 있는 방법이 있으니 걱정마시라. 노르웨이 스발바르에서 얼어붙은 북극의 황야를 경험하고 싶다면 스키 대신 스노모빌을 선택해 보자. 이렇게 하면 자연을 더 깊숙이 탐험하고 더 높은 산봉우리도 오를 수 있다. 게다가 다리를 혹사할 필요도 없다!

일상 속에서 프리루프트슬리브를 실천하는 법

현관 앞을 나서 봤자 웅장한 피오르를 만날 수 없다고? 동네에 썰매 끄는 허스키가 없다고? 걱정할 필요 없다. 노르웨이의 멋들어진 자연환경에서 살 만큼 운이 좋지 않다 하더라도 생활 속에 프루리프트슬리브의 개념을 녹여 낼 수 있으니까. 중요한 것은 바깥으로 나가 자연으로 들어가는 것이다. 많은 이들이 일하고 아이들을 돌보느라 지칠 대로 지친 한 주를 보내고 주말을 맞이한다. 이때, 집에서 피자를 주문하고 와인 한 잔을 곁들여서 끝도 없이 TV를 틀어 놓은 채 소파에 누워 있고 싶은 유혹에 빠질 수 있다. 가끔은 그렇게 해도 좋지만, 노르웨이 사람들을 본받아 습관을 깨고 자연으로 돌아가 보자. 누구든 할 수 있다. 그저 선택의 문제일 뿐이다.

운동 장소 바꾸기

여러분의 운동 일과가 보통은 체육관에서 런닝머신을 뛰는 것이라면, 이 운동을 야외에서 달리는 것으로 바꿔 보자. 동네 달리기 트랙, 근처 공원, 숲길을 찾아 보자. 가까운 곳에서 자연을 접하기 어렵다면 근처 길거리를 걷는 것도 좋다.

산책 나가기

이보다 더 쉬울 수는 없다. 극단적인 모험이나 너무 힘든 활동을 하고 싶지 않다면, 그저 산책을 나가는 것만으로도 야외에서 낮은 강도의 신체 활동을 경험해 볼 수 있다. 자연 속에 있는 평화로운 장소를 찾는 것이 최선이지만, 그게 어렵다면 여러분이 가진 것 내에서 해결해 볼 수도 있다. 가게까지 운전해서 가려고 했다면, 그 대신 걸어가 보자. 보통 책상에 앉아 점심을 먹는다면, 점심 식사 후에 산책을 나가자. 평소 아이를 데리러 차를 가지고 학교에 간다면, 걸어가서 집까지 함께 걸어 오자.

소풍 가기

친구 몇 명이나 가족을 불러 동네 공원이나 강, 바닷가로 소풍 가는 날을 만들어 보자. 자연보호구역이나 국립공원으로 향해 보는 것도 좋다. 집 안에서 TV를 보거나 스마트폰만 쥐고 있는 대신 야외에서 점심을 먹는 것처럼 간단한 방법도 있다. 집에 마당이 있다면 뒷마당에 돗자리를 깔거나 야외 테이블을 설치하고 잘 꾸며서, 밖에서 느긋한 주말 점심 식사를 하자고 친구들을 초대하자. 핀터레스트를 살펴보면 훌륭한 상차림 아이디어를 얻을 수 있다. 하지만 소풍을 즐기는 동안에는 휴대폰을 집 안에 내버려 둘 것.

일출 혹은 일몰 감상하기

동네에서 가장 좋아하는 장소가 있다면, 일출이나 일몰 시간이 언제인지 확인하고, 시간에 맞춰 그 지점으로 향해서 자연의 아름다움에 빠져 보자.

날씨를 받아들이기

"비가 와서, 추워서, 바람이 불어서 달리기하러 못 가겠어"와 같은 태도나 핑계는 버리고, 노르웨이 사람처럼 날씨를 받아들이자. 따뜻한 옷을 겹겹이 껴입고, 우산을 들고, 장화를 신고 밖으로 나가자.

새로운 취미를 시작하기

여러분을 밖으로 데려가 줄 새로운 취미를 찾자. 밖으로 나가기 위해 더 많은 동기부여가 필요한 사람이라면, 여러 사람과 함께 새 취미를 시도해 보는 게 훨씬 쉽다는 것을 깨달을 수도 있다. 야외 요가 수업이나 외부에서 이뤄지는 PT 수업에 참여하자. 자전거를 타거나 자연의 사진을 찍어 봐도 좋다. 무언가 스스로 즐길 수 있는 일을 찾아야 한다. 그렇게 하지 않으면 취미를 계속 이어갈 수 없고, 금세 다시 소파에 파묻혀 있게 될 테니까.

허젤러헤이트

네덜란드

•

가장 아늑한 시간을
보내는 법

허젤러헤이트
네 덜 란 드

허젤러헤이트란?

최근 들어 웰니스 분야가 덴마크의 휘게Hygge 개념에 푹 빠져 있는 틈을 타, 그보다는 덜 알려진 네덜란드의 철학이 조용히 퍼져 나갔다. 바로 허젤러헤이트Gezelligheid('허-젤-러흐'라는 부분을 한번 발음해 보자)다. 이 네덜란드 단어는 뜻을 정확히 옮기기 어렵지만 휘게와 비슷한 감성을 담고 있다. 편안함과 안락함, 연대감, 만족감, 그리고 유쾌함을 모두 포함하는 것이다. 허젤러헤이트는 네덜란드 문화와 사회적 관계에서 아주 중요한 부분이며, 다른 사람들과 함께 어울리는 것을 즐길 때 얻을 수 있는 보편적인 감정, 따스하고 몽글몽글한 느낌이라고 표현하는 게 가장 적합할 것이다. 허젤러헤이트에서 중요한 것은 단순한 것들로부터 얻는 인생의 기쁨, 그리고 사랑하는 사람들과 함께하는 시간이다. 그 누가 여기에 딴지를 걸겠는가?

완전히 단순하게 이야기하자면, 허젤러헤이트는 '아늑함'으로 해석할 수 있고, 따라서 '허젤러흐Gezellig'한 무언가는 바깥이 춥고 어두울 때 마음이 끌리는 식당이나 술집, 또는 카페를 말할 수도 있다. 따스함, 부드러운 다갈색 불빛, 그리고 옹기종기 모인 사람들로 유인하는 장소 말이다. 하지만 이 말은 사람들과 함께 시간을 보내고, 즐겁고 느긋한 시간을 보내는 행위 자체를 지칭하기도 한다. 따라서 아늑한 카페나 술집도 허젤러흐할 수 있고, 친구와 공원으로 소풍을 가서 근황을 나누는 일 역시 허젤러흐할 수 있다.

그리고 허젤러헤이트를 누리는 때가 있다면, 또 그와는 반대되는 개념도 있다. 바로 '온허젤러흐Ongezellig'다. 예를 들어 병원은 온허젤러흐할 수 있다. 아니면 어떤 카페나 술집이 전혀 매력적이지 않다고 느끼면 친구에게 이렇게 말할 수 있다. "우리 다른 데로 가자. 여기는 온허젤러흐하거든."

허젤러헤이트는 어디에서 왔을까?

이 말은 벗이나 친구를 뜻하는 말인 '허젤Gezel'에서 파생된 것이라 한다. 집에서 즐거운 시간을 보내는 것은 다른 그 어떤 나라에서보다도 네덜란드에서 인기 있는 오락이다. 네덜란드인들은 집에 사람들을 초대해 보렐Borrel이라는 술과 음식을 함께하는 것을 좋아하며,

이는 아주 허젤러흐한 사교 생활이라고 여겨진다.

몇 세기 동안 서서히 담배로 얼룩진 벽과 깜빡이는 촛불, 부드러운 조명 덕에 이름이 붙은 암스테르담의 브라운 카페(실제로는 술집이다)를 떠올려 보자. 유명한 브라운 카페들은 허젤러헤이트의 상징으로, 오랜 역사를 지녔고 도시 전체에 점점이 흩어져 있다. 브라운 카페의 분위기는 사람들이 함께한다는 그 아늑한 기분과 즐거운 느낌을 주므로 완벽하게 허젤러흐하다.

우리의 건강과 행복에 어떻게 도움이 될까?

우리가 사랑하고 소중하게 여기는 사람들과 시간을 보내는 일은 안정감과 행복감을 느끼는 데에 도움이 되며, 기분을 띄워 주고 스트레스와 불안감을 해소시켜 준다. 사람들과 인연을 맺는 것은 우리의 정신적인 웰빙에 대단히 중요하다. 따라서 허젤러흐한 경험을 통해 여러분의 심리 상태는 나아지고, 그로부터 생기는 연쇄적인 이익을 누릴 수 있게 된다.

네덜란드 어디에서 허젤러헤이트를 만날 수 있을까?

여러분에게 네덜란드 친구가 있다면 운 좋게 식사 초대를 받을 수도 있을 텐데, 그렇다면 여러분은 진정한 허젤러헤이트를 경험할 것이다. 암스테르담 이곳저곳에서 찾을 수 있는 브라운 카페 역시 허젤러헤이트의 경험을 시작하기에 알맞다. 친구 몇몇과 약속을 잡고 즐거운 대화와 음료, 추억의 음식을 나눌 만한 아늑한 구석을 찾아보자. 다음은 눈에 띄는 멋진 장소들 몇 군데이다.

인트 아에프옌(In't Aepjen)

개성 뚜렷한 이 15세기 목조 건물은 1519년 이래 선술집으로 운영되어 왔다. 낮밤을 가리지 않고 타오르는 촛불은 완벽한 허젤러헤이트를 자아낸다. 현지에서 제조된 네덜란드식 진인 예네이버Jenever를 한번 마셔 보자. 마음을 뜨끈하게 데워 줄 것이다.

데 슬라이스바흐트(De Sluyswacht)

운하 가장자리를 따라 렘브란트의 집 반대편에 자리한 이 크고 좁은 검은색 건물은 한때 수문 감시원이 살던 집이었다. 테라스 자리는 햇살 좋은 날 볕을 흠뻑 받거나 아늑한 내부에서 운하의 풍경을 내다보기에 환상적이다. 네덜란드 전통 안주인 비터발렌Bitterballen(한입 크기의 튀긴 미트볼) 한 접시도 반드시 맛보도록.

:: 참고 사이트: sluyswacht.nl

카페 호페(Cafe Hoppe)

시끌벅적한 무리가 암스테르담의 명소이자 도시에서 가장 오래된 술집 중 하나인 이곳에 모여서 양조 맥주를 들이킨다. 운하 주택 내부에는 나무판자를 댄 실내 장식과 은은한 장식 등이 분위기를 조성한다.

:: 참고 사이트: cafehoppe.com

일상 속에서 허젤러헤이트를 실천하는 법

일상에 허젤러헤이트를 들여오기 위해 그다지 큰 노력을 해야 하는 것은 아니다. 사실 우리는 이미 허젤러헤이트를 경험하고 있을 수도 있다. 식당이나 술집에서 친구 혹은 가족들과 근황을 나누거나, 맛있는 음식과 와인, 생기 넘치는 대화로 다함께 저녁 파티를 열어보는 것은 꽤 괜찮은 아이디어다. 진짜 네덜란드적인 요소를 가미하고 싶다면 감칠맛 나는 네덜란드식 치즈 몇 접시를 꼭 포함하자. 폭신폭신한 양털 양말을 신고 담요를 두른 채 소파 위에서 뒹굴거리며 책에 푹 빠져보는 방법도 있다. 아니면 동네 카페에서 친구와 수다에 열을 올리며 따끈한 코코아 한 잔을 홀짝이는 것도 좋다.

진정으로 허젤러흐한 분위기는 반드시 열린 마음으로, 느긋하고 재미있게 만들어져야 한다. 허젤러헤이트란 무엇인가에 대한 생각은 사람마다 아주 주관적일 수 있음을 명심하자. 누군가에게는 빗속을 걷거나, 무릎 위 고양이를 쓰다듬는 일이 허젤러헤이트지만, 또 다른 누구에게는 사랑하는 사람과 함께 요리를 하거나 아이들에게 책을 읽어 주는 일이 허젤러헤이트일 수 있다.

식탁에서 밥을 먹는 대신 TV를 켜놓고 소파에 앉아 밥을 먹는 일이 흔하다면, 네덜란드 가족들의 관습에 주목하자. 그들은 매일 저녁 정해진 시간에 그날 있었던 일을 나누기 위해 식탁 앞에 모인다. 이를 우리 일상에도 적용하여 가족이나 동반자, 또는 동거인들과의 정해진 일과로 만들어 보도록 하자. 어쩌면 마당에 불 피울 자리를 마련한 다음 둘러앉아 마시멜로를 구워 먹을 수도 있고, 아니면 베개를 잔뜩 끌어내어 발코니 구석을 새롭고 아늑하게 꾸밀 수도 있다. 가족이나 친구들과 공원에 누워 하늘을 바라보는 시도도 해 보자.

기분 좋게, 아늑하게, 편안하게 만들어 주는 일들을 할 때 우리는 서로 유대감을 느끼기 쉽다. 또한 전자 기기와 TV, 스마트폰 그리고 SNS로부터 떨어질 수 있는 훌륭한 방식이기도 하다. 허젤러흐한 활동은 우리가 야외에 나가거나, 맛있는 음식과 따스한 차 한 잔, 또는 느긋한 와인 한 잔을 음미하도록 격려해 준다. 또한 스트레스 레벨을 낮추며 그립고 유익한 엔도르핀을 분비하도록 도와준다.

조명

집에서 네덜란드풍 허젤러헤이트를 조성하고 싶으면 우선 조명을 생각해 보자. 눈에 거슬리게 밝은 조명은 피하고 싶을 것이다. 은은한 조명은 아늑한 느낌을 북돋아준다. 촛불은 허젤러흐한 분위기를 유지할 수 있는 손쉬운 방법이며, 등잔과 마찬가지로 희미한 조명도 도움이 된다. 분위기를 자아내기 위해, 천장 위 주 조명은 끄고 탁상 스탠드와 플로어 스탠드를 선택하자.

꽃

사랑스러운 꽃망울은 집을 좀 더 허젤러흐하게 만들 수 있는 훌륭한 방법이다. 어떤 종류든 근사하게 느껴지는 꽃들을 골라서

꽃병이나 다 먹은 잼 병에 툭 꽂아 집 이곳저곳에 놓아두자. 꽃다
발에 돈을 쓸 필요도 없다. 들꽃을 꺾어 오거나, 집에 정원이 없
다면 친구네 정원에서 이파리가 달린 가지를 가져다줄 수 있는지
부탁해도 좋다. 어린아이가 있다면 그릇에 나뭇잎이나 꽃을 모
아 보는 것도 함께 해 볼 만한 훌륭한 활동이다.

소재

가구를 배치하고 장식할 때, 따뜻하고 차분한 소재를 고려해
보자. 어두운 색의 나무와 천연 직물로 시작해 보면 좋다. 개성
이 살아 있고 곱게 낡을 만한 가구를 골라 보자. 우리 대부분은
골동품을 살 만한 여유가 없지만, 중고 가게나 창고 세일, 벼룩
시장, 심지어 길거리 노점상에서 개성 넘치는 물건들을 골라 볼
수도 있다. 사연을 가진 물건을 사는 것은 새 물건을 사는 것보
다 훨씬 더 의미 있다. 환경을 구하는 큰 역할을 하는 셈이니까.

국민총행복

부탄

·

돈이 아닌
행복을 세다

국민총행복

부탄

국민총행복이란?

신비에 쌓인 머나먼 작은 왕국 부탄은 골짜기와 눈 덮인 산봉우리, 고대의 수도원과 웅장한 숲 위로 기도 깃발을 높이 휘날리며 히말라야 산자락에 아늑하게 자리 잡고 있다. 부탄은 오랫동안 현실의 샹그릴라로 여겨져 왔으며, 무엇보다도 국민의 행복을 추구하고 국민총행복Gross National Happiness, GNH을 통해 국민들의 마음을 헤아리는 것으로 유명하다.

국민총행복은 이 나라의 종교인 불교의 원리에 뿌리를 두고 있다. 불교는 자본보다 자비를 소중히 여기며, 부탄 국민들의 보편적인 안녕을 더욱 깊이 이해하기 위해 전인적으로 접근한다. 부탄은 국민총행복을 도입함으로써 정부와 기업, NGO들이 정책을 결정하는 데에 유용하게 쓰일 새 도구를 마련하려 했다.

부탄은 1972년 국내총생산Gross Domestic Product, GDP을 대체하기 위해 국민총행복을 도입했다. 국민의 신체적, 사회적, 환경적 건강과 자연환경을 추적해서 국가의 발전과 개발을 측정하는 새롭고 혁신적인 방식이었다. 그때부터 부탄은 점점 더 행복과 동의어가 되어갔고, 이 샹그릴라를 직접 목도하고 싶은 여행자들에게 일종의 순례지가 되었다.

숨이 멎을 듯한 자연의 아름다움 덕에 부탄에서 생태 관광은 엄청난 산업이 됐다. 이 산업을 관리하고 오버투어리즘Overtourism(수용 가능한 범위를 넘어서는 관광객이 관광지에 몰려들면서 관광객이 도시를 점령하고 주민들의 삶을 침범하는 현상)의 위험에 빠지는 일을 방지하기 위해 국가에서는 방문객 한 명마다 하루에 250달러의 세금을 부과한다. 이 세금은 환경에 미치는 악영향을 방지하기 위해 부과하는 것으로, 부탄에서는 이를 '고가치 저영향High Value, Low Impact' 여행 전략이라고 부른다. 2020년 초 부탄은 인도와 몰디브, 방글라데시 등 인접 국가에서 오는 모든 관광객들(250달러의 세금을 면제받는 관광객들)이 매일 17달러씩 지속 가능한 개발비용Sustainable Development Fee을 지불하도록 하는 제도를 도입해서, 급격히 증가하는 인근 국가 방문객 수를 통제하고 환경을 추가적으로 보호하기로 했다.

국민총행복은 어디에서 왔을까?

부탄의 네 번째 왕인 지그메 싱예 왕추크Jigme Singye Wangchuck는 1972년 왕위를 물려받았고, 처음으로 국민총행복이라는 용어를 만들어 냈다. 왕추크 왕은 국민들의 행복을 측정하기에 가장 효율적이거나 의미 있는 방법은 국민총생산이 아니며, 국민총행복이 발전으로 향하는 과정으로서 더 중요하다고 주장했다. 이에 부탄 정부는 국민총생산이라는 개념을 거부하고 국민총행복을 발전의 척도로 결정했다.

처음에는 일반적인 철학으로 시작했을지 모르지만, 그 후 몇십 년이 흐르면서 국민총행복은 점차 구체적이고 정량화된 척도로 자리 잡기 시작했다. 2008년에는 헌법에 정식으로 명시되었다. 2011년에 UN은 개발 지표로 좀 더 광범위하게 사용할 수 있는지 보기 위해 부탄의 이 개념을 좀 더 총체적인 접근법으로 받아들였고, 68개국이 이 움직임을 지지했다.

국민총행복센터는 국민총행복 지수를 도출하기 위해 설문 조사를 실시할 때 네 가지 핵심 요소를 고려한다. 첫 번째 설문조사는 2010년과 2015년에 실시되었고, 그다음으로는 2020년에 실시되었다. 네 가지 핵심 요소란 환경적 대화, 훌륭한 통치, 지속 가능하고 공정한 사회경제적 발전, 그리고 문화의 보존과 증진이며, 이 요소들은 서로 관련 있는 아홉 개의 분야로 더 세분화된다.

1. 생활수준	6. 시간 활용
2. 교육	7. 심리적 행복감
3. 건강	8. 훌륭한 통치 행위
4. 환경	9. 문화 회복력과 증진
5. 공동체 활성화	

과거의 설문 조사에는 다음과 같이 영성을 주제로 하는 질문들이 포함됐다.

"얼마나 자주 명상 수련을 하나요?"
"얼마나 자주 기도하나요?"

그리고 한 사람이 자기 인생에 얼마나 만족하는지, 그리고 어떤 가치관을 가지고 사는지 알아내기 위해 다음과 같은 질문을 던졌다.

"행복하고 만족스러운 인생을 위해 가장 중요하다고 생각하는 것 6~7가지는 무엇인가요?"
"어떤 일을 걱정하느라 잠을 설치지 않나요?"

설문 조사는 개개인이 가족이나 이웃들과 얼마나 잘 지내는지를 묻는 질문들을 포함해서, 인간관계와 가족생활의 중심부까지 파고 들기 위해 노력한다.

우리의 건강과 행복에 어떻게 도움이 될까?

부탄은 국민의 행복감에 대해 조사하고 분석하며, 모든 행위의 초점은 여기에 맞춰져 있다. 그렇다면 부탄은 이 세상에서 가장 행복하고 웃음이 끊이지 않는 나라가 되었을까? 딱히 그렇지는 않다. 부탄은 2019년 세계행복보고서에서 95위에 올랐다. 이 왕국은 기후변화 문제를 포함해 난관에 끊임없이 직면하고 있고, 여전히 많은 국민들이 전기도 없이 살아가는 등 지구상에서 가장 가난한 나라다.

그러나 갈등과 테러리즘, 사회적 불안으로 유명한 지역에서 부탄은 안정적인 정치적·경제적 환경을 갖춘 평화의 왕국을 유지하고 있다. 2019년 세계평화지수에서 부탄은 163개국 중 15위를 차지하며 과거보다 두 계단 상승했고, 지난 12년간 43개의 계단을 상승하여 상위 20위권에 진입함으로써 여러 국가 가운데서 가장 큰 발전을 보였다.

세계은행에 따르면 부탄은 지난 10년간 빈곤지수를 3분의 2로 낮췄으며 (수력발전의 주도 하에) 세계에서 가장 빠르게 성장하는 국가 가운데 하나가 됐다. 비록 2018년과 2019년에 수력발전 생산량이 감소하면서 변동의 폭이 약간 줄어들었으나, 연평균 7.5퍼센트의 국민총생산 성장률을 보였다.

부탄 사람들은 무료로 보편의료보험을 누릴 수 있고, 지난 몇십 년 동안 기대수명은 약 50세에서 71세로 늘어났다. 국민총행복은 단순히 사람들의 웰빙에만 초점을 맞추지 않으며, 자연환경의 보호와 지속가능성 역시 국민총행복을 구성하는 핵심 요소다. 부탄은 1999년에 이미 비닐봉지 사용을 금지했던 반면, 다른 국가들은 이 정책을 따라오는 데에 오랜 시간이 걸렸고 여전히 아주 느린 속도로 채택하고 있다. 또한 부탄은 2005년에 담배를 금지하면서 세계 최초의 금연 국가가 됐다.

비평가들은 문화를 보존하려는 부탄의 엄격한 의지가 소수 민족에 대한 일종의 '인종 청소'로 이어진다고 주장한다. 또한 부탄이 엄격한 가이드라인에 집착하면서 국민들에게 행복에 대한 책임을 일관되게 적용하지 않으며, 의도적으로 소수 민족과 다른 문화들을 배제한다고 본다.

반면 국민총행복의 옹호자들은 이 지표가 부탄 사람들의 완전한 행복을 보장하는 것은 아니며, 완전한 행복을 보장하리라 믿는 것은 요점에서 완전히 벗어난다고 주장한다. 대신에 국민총행복은 공정하고 지속 가능한 사회로 향하도록 인도하는 지침이자 비전으로 보아야 한다는 것이다. 국민총행복의 목적은 부탄 사람들의 전반적인 행복감을 단순히 금전적인 척도로 표현하는 것이 아니라, 더 의미 있고 정확한 방식으로 보여 주는 데에 있다.

일상 속에서 국민총행복을 실천하는 법

여러분이 국민총생산을 버리고 국민총행복을 받아들인 나라에 살지 않더라도, 부탄의 접근법과 문물을 일상에서 쉽게 실천하고 비슷한 방향으로 이끌어 줄 몇 가지 교훈이 있다. 우리에게 무엇이 중요한지 다시 생각해 보고 돈이나 소비를 중요시하는 태도나 습관을 좀 더 전체적인 마음가짐으로 바꾸려는 노력이 필요하다.

자비를 가지고 살아가기

갈등이 벌어지거나 누군가가 여러분을 화나게 할 때, 상대방의 입장에서 생각하도록 노력하자. 자아를 내려놓고 자비와 친절함에 따라 행동하도록 하자.

물질주의적인 마음가짐을 바꾸기

사회적 지위와 돈은 행복으로 통하는 궁극적인 길이 아님을 인정하자. 필요하다면 우선순위를 바꾸고 스스로를 행복하게 만드는 일에 힘을 쏟도록 하자. 경쟁 상대나 목표를 위해서, 아니면 사회에서 뒤떨어지지 않기 위해서 노력하라는 것이 아니다. 여러분에게 즐거움을 안겨 주는 일에 초점을 맞추자.

다르게 쇼핑하기

윤리적인 소비를 하자. 중고 제품을 사고, 가능하다면 국산 제품을 이용하자. 친구들과 옷이나 그릇 등을 교환해도 좋다. 이는 물건을 재활용할 수 있는 훌륭하고 즐거운 방식으로, 모두가 '새로운' 것을 얻어서 돌아갈 수 있다. 교환한 물건마다 값을 매겨 지역 자선단체에 동전 기부를 하는 방법도 있다.

자연을 존중하기

지구를 소중히 여기고 지속 가능한 삶을 살기 위해 힘을 보태자. 텃밭을 가꾸거나 퇴비를 만들고, 재활용에 더 힘을 쓰자. 물은 아끼고 쓰레기를 줍자.

휘게

덴마크

•

전 세계가 인정한
힐링 트렌드

휘게
덴마크

휘게란?

지난 몇 년간 세상과 담쌓고 살아온 사람이라면, 덴마크 문화가 지닌 휘게Hygge라는 명랑한 철학에 대해 전혀 들어 보지 못했을 수도 있다. 하지만 SNS 포스트와 블로그, 기사와 책까지… 우리 사회는 휘게 열풍에 휩싸여 왔다. 라이프스타일 상점들이 '휘게 담요'라든지 '휘겔리Hyggelig(휘게의 형용사)'한 여러 가지 제품들을 팔면서, 휘게라는 개념은 전 세계 곳곳에서 상품화되었다. 그러나 휘게는 우리가 돈으로 살 수 있는 것이 아니다. 휘게는 네덜란드의 허젤러헤이트와 매우 흡사하지만, 네덜란드의 개념이 사시사철 적용되는 데에 반해 휘게는 보통 겨울과 더 깊은 관련이 있다.

휘게가 뜻을 풀이하거나 발음하기에 쉬운 단어는 아니지만('휘-구에흐' 정도가 가장 가까운 발음이며, 머릿속에 떠오르는 것처럼 '히지'라고 발음하지는 않는다) 다행히 실천에 옮기기에는 어렵지 않다. 겉으로 보기에 휘게는 폭신하고 따뜻한 양말과 벽난로 불, 코코아와 촛불, 그리고 기본적으로 아늑하고 편안한 상태가 전부이다. 하지만 덴마크 사람들에게 휘게는 그 이상의 의미를 지닌다. 무엇보다도 연대감과 친밀함, 만족감 등 감정을 담은 의미에 가깝고, 가족과 친구 혹은 사랑하는 이, 동료들과 함께 좋은 시간을 나누는 것이 중요하다. 휘게는 폭신하고 따뜻한 양말이라기보다는 그 양말을 신고 벽난로 앞에서 사랑하는 사람과 편안한 시간을 보낼 때 느끼는 몽롱하고 따스한 기분에 가깝다. 또한 어두컴컴하고 눈이 오는 덴마크의 겨울 풍경을 바라보며 식탁에 둘러앉아 맛있는 음식과 대화를 나누고, 보드 게임을 하면서, 촛불 켜진 따스한 방안에 머물고 있음을 깨닫고 행복해하는 것이기도 하다.

다른 스칸디나비아반도에 있는 나라들처럼 덴마크도 매년 세계행복보고서에서 좋은 성적을 낸다. 2013년과 2016년에는 각각 1위를, 2020년에는 2위를 기록하기도 했다. 아마도 휘게를 구성하는 문화적인 요소들이 덴마크 사람들이 항상 행복한 이유를 설명해 줄 수 있으리라. 훌륭한 교육을 받을 수 있는 권리, 양질의 의료 수준, 그리고 높은 생활 수준과 안정된 통치도 덴마크 사람들이 행복하게 지낼 수 있는 이유이다. 하지만 무엇보다도 휘게의 개념은 이 사람들이 인생의 소소한 것들과 무엇이 중요한지를 잘 알고 소중히 여기는 것을 의미한다.

휘게는 어디에서 왔을까?

　놀랍게도 휘게라는 용어는 덴마크어가 아니라 노르웨이어에서 나왔다. 이 단어는 16세기까지 거슬러 올라가 옛 노르웨이 말인 '후가 Hugga'에서 유래된 것으로 추측되는데, 후가는 '웰빙' 또는 '위안하다'나 '위로하다'와 비슷한 의미를 가진 것으로 보인다. 휘게라는 단어는 18세기 덴마크 문헌에 처음 등장했고, 덴마크 사람들은 그 이후로 줄곧 이 단어를 간직해 왔다. 이제 휘게는 나라의 색깔을 구성하는 근본적인 방식으로 자리하게 됐다. 휘게의 인기는 세계 곳곳에서 꽃을 피워서, 2016년 옥스퍼드 영어사전이 선정하는 올해의 단어 최종 후보로 올랐고(그러나 탈진실을 의미하는 'Post-truth'에 밀리고 말았다), 2017년에는 마침내 공식적으로 옥스퍼드 영어사전에 등재됐다. 그 정의는 다음과 같다.

＊ 휘게
만족감이나 행복감을 불러일으키는 아늑함, 편안함, 쾌적함이라는 특성(덴마크 문화의 본질적인 특성으로 여겨진다)

우리의 건강과 행복에 어떻게 도움이 될까?

수면의 질이 좋아진다

휘게는 차분하고 느긋하며 편안한 환경을 만들어 낸다는 의미이기 때문에, 여러분이 가벼운 자기돌봄(114페이지 참고)의 개념을 가미해 밤의 일과에 휘게를 포함시킨다면 긴장을 풀고 밤새 푹 자는 데에 도움이 될 것이다.

우리를 연결시켜 준다

정서적인 연대와 신체적 접촉, 그리고 친밀감은 여러분의 정신적·감정적 행복에서 중요한 역할을 하며, 우울과 불안을 줄이고 엔도르핀을 분비하는 데에 도움이 된다. 또한 신뢰를 탄탄히 쌓고 서로 간의 관계를 돈독히 만들어 주는 역할도 한다.

신경을 끄게 도와준다

하루 또는 한 주를 바쁘게 보내면 긴장을 풀고 머릿속을 소란하게 만드는 수많은 것들로부터 벗어나기 어려울 수 있다. 여러분의 하루에 휘게를 담는다면, 신경을 끄고 스트레스 수준을 낮추는 데에 도움이 된다. 친구와 계획을 세우거나, 가족들에게 풍성한 식사를 대접하려고 요리를 하는 일은 현실에 충실하면서 딴생각에 빠지지 않게 도와줄 훌륭한 방식이다. 다른 아이디어가 궁금하다면 114페이지를 참고하자.

세로토닌 수치가 올라간다

'행복의 호르몬'이라고 알려진 세로토닌은 우리 뇌의 한 부분에서 다른 부분으로 신호를 전달하고 기분을 조절하는 것에 관여하는 신경화학호르몬으로, 수면과 기억, 성욕에 영향을 준다고 한다. 세로토닌의 불균형은 우울과 불안으로 이어진다고 알려져 있으며, 연구에 따르면 햇볕을 많이 쬐지 못할 때 세로토닌의 균형이 깨진다고 한다. 덴마크의 겨울에는 햇빛을 보기 힘들지만, '휘겔리'한 활동은 전체적으로 기운을 북돋아 주고 기분을 좋게 해 준다. 그러면 세로토닌 수치는 올라가고 여러분은 더더욱 행복해질 수 있다.

덴마크 어디에서 휘게를 만날 수 있을까?

보통의 덴마크 사람들이 집 안을 어스름한 조명과 따스하고 매력적인 분위기로 만들어 휘게를 즐긴다면, 여러분은 바깥을 다니면서도 휘게를 경험할 수 있다. 코펜하겐의 여러 술집과 레스토랑, 카페는 휘게의 분위기를 물씬 풍긴다. 따라서, 관광객이라고 해서 누군가의 집에 초대받기를 기다리며 전전긍긍할 필요는 없다. '진짜 휘게'를 느끼고 싶다면 덴마크가 대대적으로 휘게에 열광하는 겨울, 그 중에서도 특히 크리스마스 시기에 방문해 보자.

티볼리 공원(Tivoli Gardens)

1843년 개장한 이 역사적인 공원은 세계에서 가장 오래된 놀이공원 중 하나다. 티볼리 공원은 환상의 세계 같은 특유의 분위기에 놀이기구와 공연장, 그리고 기분 좋은 정원들이 멋지게 모여 있어 코펜하겐 시민들을 남녀노소 할 것 없이 끌어들인다. 날씨가 추워지면 뱅쇼와 전통적인 군것질거리를 파는 야외 가판대가 세워지고, 빛 축제가 열리는 한겨울의 동화나라로 변신하면서 가장 휘겔리한 모습을 갖추게 된다.

:: 참고 사이트: tivoli.dk

예게르보르가드(jægersborggade)

이곳은 코펜하겐에서 가장 활기 넘치는 거리 가운데 하나로, 양품점과 골동품 가게, 카페와 갤러리가 빽빽하게 들어서 있다. 친구와 함께 이 가게 저 가게를 드나들며 탐험을 하고, 또 틈틈이 커피를 마시며 쉬어 보자.

커피 콜렉티브(Coffee Collective)

책 한 권과 함께 아늑한 공간에 자리 잡고, 코펜하겐에서 제일가는 마이크로 로스터리에서 갓 내린 싱글 오리진 커피 한 잔을 곁들여 휘게를 경험해 보자. 커피 콜렉티브는 왁자지껄한 예게르보르가드 거리에 위치해 있다.

:: 참고 사이트: coffeecollective.dk

베이커리와 간식들

베이커리에서 은은하고 달콤하게 풍겨 오는 빵과 과자의 냄새만큼 따뜻함과 편안함, 그리고 휘게를 잘 표현해 주는 것은 없으리라. 코펜하겐에는 오븐에서 갓 나온 빵과 과자로 배를 채울 수 있는 곳이 다양하게 많지만, 특히 다음과 같은 곳들을 주목할 만하다.

◆ 상크트 페데르스 배에리(Sankt Peders Bageri)

17세기에 개점하여 코펜하겐에서 가장 오래된 베이커리로, 아늑한 인테리어를 갖추었으며 시나몬롤로 유명하다.

◆ 메이어스 배에리(Meyers Bageri)

세계 최고의 레스토랑으로 꼽히는 '노마'에서 근무했던 클라우스 메이어가 이끄는 유기농 베이커리.

◆ 라 글라체(La Glace)

코펜하겐에서 가장 오래된 페이스트리 가게로, 호두케이크나 이곳의 명물인 '스포츠케이크'처럼 고풍스럽지만 매력적이고 혀가 즐거운 간식들을 맛볼 수 있다. 스포츠케이크는 마카롱 베이스 누가와 거품 낸 생크림, 슈 페이스트리를 조합해 만든다.

일상 속에서 휘게를 실천하는 법

여러분의 세계로 휘게를 끌어들이기 위해 집에서 할 수 있는 간단한 방법들이 몇 가지 있다. 분위기를 만들어 내려면 은은한 조명과 부드러운 소재, 즐겁고 평온한 활동에 초점을 맞추자.

친구들과의 하룻밤

친구들과 근황을 나눌 수 있는 자리를 마련하자. 맛있는 음식과 웃음으로 가득한 하룻밤을 보내며 함께하는 기분을 즐기자.

나 혼자만의 시간

가장 좋아하는 의자에 눌러앉아 발을 올리고 담요로 몸을 둘둘 감은 뒤, 좋은 책이나 잡지에 푹 빠져 몇 시간을 보내 보자. 스마트폰이나 전자 기기는 멀찍이 떨어뜨려 놓는 것이 좋다.

잠자리에서의 휘게

좋아하는 목욕 소금이나 오일을 물에 넣고, 촛불에 불을 밝히고, 음악을 틀어 놓은 채 목욕을 하자. 그 후 로션을 담뿍 바르고 가장 편안한 옷이나 파자마를 입자. 아름다운 퀼트 이불을 덮거나, 따뜻한 허브차나 코코아를 홀짝여도 좋다. 잠자리에 들기 한 시간 정도 전에는 잊지 말고 전자 기기를 끌 것.

이키가이

일본

오키나와가
장수의 상징이 된 이유

이키가이
일본

이키가이란?

여러분이 아침에 침대에서 일어나는 이유는 무엇인가? 어디에서 의욕을 얻는가? 여러분의 인생에서 열정과 소명은 무엇인가? 이런 것들이 바로 여러분의 이키가이いきがい가 될 수 있다. 이키가이는 두 개의 단어로 이뤄졌는데, 이키いき는 삶을, 가이がい는 가치 또는 소중함을 의미한다. 이키가이에서 중요한 것은 열정과 만족, 진정한 자아, 가치와 소명이 적절히 균형을 이루며 섞이는 것이다. 다른 언어로 옮기기는 어렵지만, 이키가이는 대략 여러분의 인생의 목적이 무엇인지 아는 것을 통해 행복을 찾는다는 개념을 아우른다. 그러나 중요한 것은, 이키가이에서의 행복이 오직 나 자신만을 위한 이상향이 아니라는 점이다. 이키가이는 한 사람의 행복으로 향하는 과정과 그 행복이 어떻게 더 큰 사회에 기여할 수 있는지에 초점을 맞춘다. 만물은 연결되어 있기 때문이다.

　가끔 우리는 스스로에게 "인생의 목적이 무엇이지?"라는 질문을 던지면서 거창한 철학적 수준에서 생각하곤 한다. 하지만 이키가이는 엄청나게 대단하거나 모든 것을 총망라하는 개념일 필요가 없으며, 누군가의 일이나 가정생활, 취미나 흥미, 여행, 소소한 개인적인 목표 및 사회 정체성과 이어질 수 있다. 더더군다나 여러분은 이키가이를 결정하기 위해 뭔가를 꼭 잘해야만 할 필요는 없다.

　이키가이는 그저 활동과 매일 일과, 즉 우리가 하루 종일 해내야 하는 일들을 즐기는 것일 수 있다. 또한 우리가 기술을 익히는 것이 스스로의 이키가이임을 발견했다면, 그렇게 하는 것이 이키가이가 될 수도 있다. 이키가이는 돈을 좇는 것이 아니다. 자신의 이키가이가 직업적인 성공이나 금전적인 성공으로 이어질 수 있는 사람도 있겠지만, 그것이 이키가이의 핵심은 아니다. 그저 운 좋게 얻은 부산물일 뿐.

　여러분의 이키가이가 무엇인지 모른다고 해도 걱정하지 말자. 어떤 사람은 태어날 때부터 자기가 무슨 일을 하러 이 지구에 왔는지, 또 어떤 열정을 타고났는지 알 수도 있지만, 대부분의 사람들은 그렇지 않다. 우리는 스스로의 이키가이를 알아내기 위해 노력해야 한다. 어쩌면 평생을 노력해야 할 수도 있다.

이키가이는 어디에서 왔을까?

　이키가이는 최근 전 세계적으로 유행하는 웰니스 중 하나가 됐지만, 그 고향은 일본이다. 이키가이는 아주 오래된 일본의 사상으로, 단어의 유래는 일본 헤이안 시대(794년~1185년)까지 거슬러 올라간다고 추정된다.

　이키가이의 개념은 이 나라의 기나긴 기대수명과 연결되곤 하는데, 특히나 일본에서 100세 이상의 노인이 가장 많이 사는 지역인 오키나와 섬에서는 더욱 그렇다. 어떤 이들은 오키나와의 노인들 대다수가 은퇴 나이를 훨씬 넘긴 후에도 농사나 어획 같은 일을 활발히 이어나가는 것이 장수의 비결이라고 본다. 일이 살아가는 목적을 주기 때문이다. 다른 사람들은 오키나와의 장수 비결이 건강한 식생활, 활발한 라이프 스타일, 그리고 강한 공동체 의식에 있다고 본다.

　이키가이에 대해 들어 보고, 관련한 책을 보고, 또는 온라인으로 그 개념을 찾아본 적이 있다면 십중팔구 이키가이를 상징하는 벤 다이어그램도 보았을 것이다. 사실 이 벤 다이어그램은 일본인들이 이키가이를 이해하는 방식이 아니라, 너저분하게 중복되게 만든 '삶의 목적 벤다이어그램'이다.

처음에는 이 벤 다이어그램을 살펴보는 것이 도움이 될 수 있지만 이키가이의 근원이 아니라는 것을 염두에 두자.

우리의 건강과 행복에 어떻게 도움이 될까?

이키가이의 이점은 꽤나 확실하다. 목적 없는 삶을 산다는 것은 우리의 정신적·신체적 행복에 부정적인 영향을 미칠 수 있다. 연구들에 따르면 이키가이를 지닌 이들이 더 행복하게, 오래 살 수 있다고 한다. 또한 삶의 목적을 가지고 사는 이들은 치매 같은 신경계 질환뿐 아니라, 뇌졸중이나 심혈관계 질환 같은 병에 걸릴 가능성도 더 낮다고 한다.

임상심리사이자 도요 에이와 대학교 교수인 아키히로 하세가와는 이키가이 전문가다. 하세가와는 정신병원에서 치매 환자들을 치료하면서 살고자 하는 의지를 가진 환자들이 다른 환자들보다 더 느리게 치매가 진행된다는 사실을 깨달았고, 그때부터 대학원에서 이키가이를 연구하기로 마음먹었다.

운 좋게 자신의 이키가이가 무엇인지 즉각 깨달은 것이 아니라면, 약간의 노력이 필요한 법이다. 하세가와는 이키가이가 인생 전체에 대한 고민이라기보다는 매일매일을 위한 생각임을 이해하는 것이 중요하다고 가르친다. 그의 연구와 보고서에 따르면, 이키가이를 가지

는 데에 중요한 몇 가지가 있다. 튼튼한 가족 간의 유대, 건강, 지적
인 적극성과 사회적 행동은 모두 한 사람의 이키가이에 강력하게 영
향을 미친다. 이키가이에서 또 다른 중요한 요소는 사람이 스스로의
일상과 자기 자신을 통제할 수 있다고 느끼는 것이다. 우리는 자유롭
게 결정을 내리고 스스로의 방식에 따라 인생을 이끌어 가야 한다.

일본 어디에서 이키가이를 만날 수 있을까?

　사람은 저마다 다른 존재이고, 이키가이는 아주 개인적인 것이다.
이키가이는 어떤 사람에게는 자연일 수 있고, 또 어떤 사람에게는 그
림 그리기와 예술 감상일 수 있다. 또 누군가에게는 스포츠를 향한
열정일 수도 있다. 다음은 이키가이를 알아내는 데에 필요한 영감을
얻기 위해 방문해 볼 만한 일본의 장소들이다.

예술

나오시마 제도는 베네세 아트 사이트의 고향이다. 섬 전체에 매력적인 현대미술 갤러리와 야외 조각상들이 여기저기 흩어져 있다. 그중에서도 세계적 화가인 쿠사마 야요이의 상징이라 할 수 있는 호박 작품이 눈에 띈다. 파란 바다를 배경으로 방파제 위에 설치된 것으로 유명하다.

하코네의 산마을에서는 야외 미술관에서 미로와 헨리 무어 같은 화가들의 전시품과 조각상을 감상하며 산허리를 거닐 수 있다. 그 후 피카소 파빌리온에서 피카소 작품 수백 점을 감상하며 더 많은 영감을 얻을 수도 있다.

쿠킹 클래스

교토의 가정집에서 열리는 우즈키는 섬세한 일본 요리의 기술을 배울 수 있는 소규모 쿠킹 클래스다. 도쿄의 유명한 요리 학교인 츠키지 소바 아카데미에서 미슐랭 스타 셰프들을 가르치는 장인에게 소바 국수 만드는 법을 배워 보자.

등산

일본의 상징인 후지산은 이 나라에서 가장 높고 유명한 산이다. 꼭대기까지 오르는 길이 험난하지만 등산 매니아들이 꼭 올라야 할 산이기도 하다. 많은 등산 초보들이 이 산에 도전하지만 결코 만만치 않다.

가미코지는 일본에서 야외 활동, 그중에서도 등산하기 좋은 곳으로 가장 유명하다. 강을 따라 걷는 산책부터, 본격적인 산봉우리 등산이 가능한 코스까지 다양한 둘레길이 존재한다. 풍경은 그저 넋이 나갈 정도로 아름답다. 눈 덮인 바위산이 청록색 강물 위에 비치고, 가을(9월~11월)이 되면 이

지역은 주황빛과 빨간빛 단풍으로 불타오른다.

진지한 자아 성찰과 영감을 얻으려면 시코쿠 섬에서 88사찰 순례길을 돌아보자. 이 길을 따라 분주한 도시의 고속도로부터 고즈넉한 산마을과 온천마을까지 걸을 수 있다. 전체 거리는 1400킬로미터에 이르며, 어떤 길을 택하느냐에 따라 완주하기까지 40일에서 60일 정도 걸린다.

음악

펑크와 록 음악에 열광하는 사람이라면 오사카가 딱이다. 이 도시는 일본에서 가장 잘나가는 음악의 중심지로, 분위기 있는 라이브 하우스에서 밴드의 음악을 만날 수 있다.

클래식음악 애호가라면 도쿄에 있는 클래식 음악 카페인 메이코쿠 키사라이온을 방문해 보자. 여기에서 여러분은 놀라운 울림을 지닌 거대한 목재 스피커로 클래식 음악을 들으면서 시간을 거슬러 올라갈 수 있다. 재즈를 선택했다면 도쿄의 활기 넘치는 신주쿠 지역에 자리한 인기 재즈바인 '더 피트 인'에서 다국적 재즈 연주가들의 환상적인 라인업에 귀를 기울여 보자.

스포츠

일본인들은 언제나 야구에 집착하지만 그중에서도 오사카만큼 광적인 도시는 없을 것이다. 스포츠에서 즐거움을 얻는 이라면 오사카에서 에너지가 폭발하는 경기들을 경험하는 기회를 놓치지 말자. 혹은, 일본 최대 규모의 스모 경기장인 도쿄 료고쿠 코쿠기칸에서 덩치 큰 선수들이 머리와 머리를 맞대고 싸우는 모습을 관람해도 좋다.

일상 속에서 이키가이를 실천하는 법

매일 의례적으로 하는 일이든, 아니면 열정을 쏟고 싶은 일(스스로의 이키가이)이든, 뭔가 즐길 수 있는 일을 한다면 정신 건강부터 면역 체계까지 모든 면에 긍정적인 영향을 미칠 수 있다.

다른 사람에게 말 걸기

다른 사람들이나 다양한 배경을 지닌 사람들, 즉 친구나 가족, 이웃 등이 어디에서 의욕을 얻는지 알아보고, 주변 사람들로부터 아이디어와 영감을 얻도록 하자.

나 자신을 알기

스스로에 대해 알아야 할 필요가 있다. 혼자서 시간을 보내면서 천천히 생각해 보자. 진정한 자아성찰의 시간을 갖고, 나의 생각과 감정을 솔직히 들여다 보자. 우리는 왜 일을 하는지, 그리고 무엇을 하며 여가를 보내는지 생각해 보자.

목록 만들기

여러분이 좋아하는 일, 인생의 중심 가치, 그리고 잘하는 일을 목록으로 만들자. 목록을 살펴보고 가장 마음에 와닿는 항목이 무엇인지 보자. 어떤 일에 가장 끌리는가?

시간을 들이기

가장 중요한 것은 천천히 결정하라는 점이다. 당장 지금, 여기에서 여러분의 이키가이를 결정할 필요는 없다. 창의성, 학구열, 건강, 사교성 등 우리에게는 다양한 가능성이 열려 있다.

흥미 찾기

요리, 예술, 독서, 음악… 평소에 해 보고 싶었던 창조적 활동이 있는가? 지금 바로 시작해 보자.

작가이자 신경과학자인 켄 모기는 저서《이키가이: 일본인들의 이기는 삶의 철학》에서 이키가이를 이루는 다섯 가지 원칙을 언급했다. 이 원칙들은 이키가이를 위한 큰 틀을 만들 수 있게 도와준다.

◇ 작은 일부터 시작하라

세부적인 부분에 집중하며 시작하자.

◇ 자아를 내려놓아라

자기 자신이 누구인지 받아들이고 스스로에게 솔직해져야 한다. 우리는 그렇게 자유로워진다.

◇ 조화와 지속 가능성을 생각하라

우리는 도움이 필요하고 다른 사람들에게 기대야만 한다는 사실을 인정하자. 모든 사람은 주변의 사람들과 연결되어야 한다.

그렇게 해야 다른 사람들로부터 배우고 지지를 얻을 수 있다.

◇ 소소함이 주는 기쁨을 알라

우리에게 즐거움을 안겨 주는 일들과 작은 기쁨들에 감사하는
법을 배워라.

◇ 바로 지금 여기에 충실하라

너무 먼 과거나 미래에 초점을 맞추지 말자. 현재에 충실하고
자신의 흐름을 찾아라.

우리 인생의 관점에서 이 다섯 가지 원칙을 생각해 보자. 이 원칙
들은 어떻게 적용될까? 어떻게 하면 이 원칙들을 우리의 이키가이를
알아내기 위한 출발점으로 삼을 수 있을까? 정신과 의사이자《삶의
보람에 대하여生きがいについて》의 작가인 가미야 미에코Kamiya Mieko
는 저명한 이키가이 전문가 가운데 하나다. 1966년 출간된 이 책은
여전히 이키가이라는 주제에서 그 권위를 인정받고 있다. 이 책에서
가미야는 우리가 지금 당장 비참한 상태라 할지라도 이키가이 덕에
미래를 즐거운 마음으로 기대할 수 있다고 설명한다. 그러니 기운을
내자. 그리고 무엇이 우리의 이키가이가 될 수 있는지 생각해 보자!

메라키

그리스

•

애술의 본고강에서
일성을 보다

메라키
그리스

메라키란?

　그리스 사람들의 열정은 유명하다. 그리스인들은 자신들의 필록세니아Filoxenia(환대), 가족에 대한 존중과 명예, 그리고 애국심을 자랑스럽게 생각하는데 이 모든 것을 뒷받침하는 것이 바로 필로티모 Filotimo(대략적으로 '명예에 대한 애정'을 뜻한다)라는 그리스식 개념이다. 그리스는 예술과 문화유산으로 존경받는 나라이며, 그리스인들은 음악과 춤, 미술, 건축과 문학을 사랑한다. 그들은 일하기 위해 사는 것이 아니라 살기 위해 일하는 매우 바람직한 인생관을 가졌다. 인생을 사랑하고, 어떻게 즐겨야 하는지도 잘 알며, 최선을 다해 삶을 살아간다. 그리스를 방문할 때면 집에서 한 음식, 때로는 직접 기른 재료들로 차린 만찬에 초대받아 그리스 사람들의 따스한 환대를 느낄 수도 있다.

이 모든 것을 한마디로 압축하면, 다른 언어로는 번역할 수 없는 그리스어 단어 '메라키Meraki가 된다. 메라키는 절대적인 헌신과 열정을 가지고 일에 임하는 것, 그리고 어떤 일에 마음과 영혼을 쏟고 사랑을 담아 하는 것을 의미한다. 보통은 창조적이거나 예술적인 활동을 말하지만 어떤 일에든 적용될 수 있다. 노래 부르기나 그림 그리기, 춤추기가 될 수도 있고, 가족이나 사랑하는 사람들을 위해 음식을 준비하는 일이 될 수도 있으며, 방을 꾸미기 위해 기울이는 생각과 관심 아니면 운동 경기에 들이는 노력일 수도 있다.

메라키는 좀 더 의미 있는 삶을 살기로 선택하는 것, 또 여러분이 하는 일이 가치 있고 더 큰 영향력을 발휘하게 만들기로 선택하는 것이다. 또한 여러분에게 중요한 일에 100퍼센트 몰두하는 것을 의미하기도 한다. 아리스토텔레스는 "일을 즐길 때 그 일을 완벽하게 할 수 있다"라고 표현했다.

메라키는 어디에서 왔을까?

그리스는 아크로폴리스, 크노소스, 《일리아스》나 마라톤 같은 장엄한 업적의 본고장이다. 열정과 헌신, 완전한 몰입을 뜻하는 메라키가 그리스에서 탄생했다는 사실은 그다지 놀랍지 않다. 이 현대적인 그리스 단어는 좋아서 하는 일, 또는 즐겁게 뭔가를 하는 것을 의미하는 터키어 '메라크Merak'에서 파생됐다고 한다.

우리의 건강과 행복에 어떻게 도움이 될까?

당장 해야 할 일에 몰두함으로써 우리는 지금 이 순간에 오롯이 충실할 수 있다. 완전한 집중은 노력을 끌어올리고, 외부의 방해물을 무시할 수 있게 해 준다. 따라서 마음은 더 맑아지며, 현재 하고 있는 일을 마무리할 수 있게 된다. 업무나 프로젝트를 진행할 때 현실에 완전히 충실한다면 과거나 미래를 걱정하느라 산만해지지 않을 수 있다. 메라키는 우리의 정신이 부지런하고 순조롭게 나아갈 수 있도록 해 준다.

우리는 완전히 몰두한 일을 끝마쳤을 때 느끼는 만족감을 잘 알고 있다. 열과 성을 다하면 건성으로 했을 때보다 훨씬 큰 보람을 얻을 수 있다. 자신이 가진 전부를 던짐으로써 더 큰 소득을 얻을 준비를 하는 것이다. 메라키를 가지고 일을 할 때 우리는 자신이 진심으로 즐기는 일이 무엇인지, 또 진정 잘하는 일이 무엇인지 알 수 있다.

그리스 어디에서 메라키를 만날 수 있을까?

그리스에는 나라 전체를 점령하고 있는 멋들어진 고대의 건축물과 잘 보존되어 있는 기념비적인 유적들이 있다.

그리스에 가 본 적이 있는 사람은 이러한 볼거리 덕에 꽤나 눈 호강을 했으리라. 서구세계에서 가장 아름답고 중요한 고대 유적지이자 세계문화유산이기도 한 아크로폴리스와 파르테논 신전은 아테네의 거의 모든 지점에서 바라볼 수 있다. 또한 세계에서 가장 중요한 고고학적 유적지 가운데 하나로, 청동기 시대에 지어진 크노소스의 미노스 궁전을 방문할 수도 있다. 파르테논과 크노소스의 폐허에 서 보면, 그 압도적인 규모 속에서 '자발적으로 하는 일'이라는 표현과 메라키의 의미를 진정으로 이해하게 된다.

메라키는 아크로폴리스 같은 엄청난 업적에만 쓸 수 있는 말은 아니다. 카페에 모여 서로 어울리고, 웃고, 전통 음악에 맞춰 춤추고, 열정적이고 활기찬 토론에 몰두하는 그리스 사람들을 지켜보자. 메라키의 정신이 바로 거기에 존재한다.

고대 건축물이 안겨 주는 경외감에 휩싸이거나 그리스 사람들이 인생을 살아가는 모습을 대략적으로 지켜보는 것 말고도, 미술관과 박물관부터 극장, 음악과 오페라, 무용 공연에 이르기까지 우리가 영감을 얻을 수 있는 원천은 다양하게 존재한다. 미술관에 가면 예술가들이 성심성의껏 만들어 낸 고대의 그리스 조각상이나 대담한 현대 미술을 감상할 수 있다. 또는 배우들이 시선을 사로잡는 연기로 열정을 표출하는 모습을 지켜보거나, 음악가들의 마음과 영혼이 드러나는 음악을 듣거나, 테너나 소프라노가 자신이 가진 모든 것을 내걸며 감정을 뒤흔드는 오페라 공연을 관람할 수도 있다.

무용

그리스 전역에는 다양한 스타일의 무용이 존재하고, 지역마다 차이가 있다. 그리고 그 무용이 전부 다리를 높이 찢거나, 팔짱을 끼거나, 조르바가 등장하는 것은 아니다. 전통 무용을 볼 수 있는 최고의 장소를 소개한다.

◆ 아테네 에피다우르스 페스티벌(Athens and Epidaurus Festival)

그리스에서 가장 유명한 문화 축제는 펠로폰네소스의 에피다우르스 고대 원형극장과 아테네의 헤로메스 아티쿠스 음악당에서 열린다. 이 축제에서 여러분은 여름(6월~8월) 동안 음악을 곁들인 무용 공연과 연극을 볼 수 있다.

:: **참고 사이트:** greekfestival.gr

◆ 도라 스트라토 댄스 시어터(Dora Stratou Dance Theatre)

도라 스트라토 댄스 시어터는 지방의 민속 의상을 입고 추는 전통 무용을 볼 수 있다. 그리스 최고의 장소 중 한 곳이며, 아테네에 자리한 860석 규모의 야외극장이다.

:: **참고 사이트:** grdance.org

음악

◆ 크레타 섬의 아노기아(Anogia)

음악 쪽이 더 취향이라면 크레타 섬의 아노기아 마을로 가 보자. 예술가들이 자신의 작품에 절대적인 헌신과 영혼, 열정을 쏟는 이곳은 영감을 얻기에 최고의 장소이다. 이 매력적인 산골 마을은 현악기인 리라의 중심지이자 크레타에서 가장 유명한 가수인 고故 니코스 힐루리스Nikos Xylouris가 태어난 곳이다. 그를 기념하는 작은 박물관을 방문해 볼 수 있고, 운이 좋다면 마을 광장에서 동네 음악가들이 펼치는 즉흥 연주를 즐길 수도 있다.

◆ 메가론(Megaron)

이곳은 아테네에서 가장 잘나가는 공연장으로, 특히나 여름에는 야외정원 무대에서 공연을 볼 수 있는 분위기 맛집이 된다. 오페라, 연극, 클래식 음악 등 장르를 불문하고 인상적인 라인업의 공연자들이 초청된다. 그리스 음악 도서관도 놓치지 말자. 전통 음악에서 현대 음악까지, 엄청난 규모의 그리스 음악을 들어 볼 수 있는 곳이다.

오페라

◆ 그리스 국립오페라(Greek National Opera)

그리스 국립 오페라단은 유명 건축가인 렌조 피아노가 설계한 아름다운 건물인 스타브로스 니아르콧 재단 문화센터 내 1400석 규모의 대강당에서 공연한다. 공연은 11월부터 다음 해 6월까지 이어지며, 여름이면 거대한 원형극장인 헤로데스 아티쿠스 음악당에서 열리는 공연을 관람할 수도 있다. [이전 페이지 참고]

:: 참고 사이트: nationalopera.gr

미술

그리스 최고의 화가들이 만들어 낸 열정을 보고 싶다면 이곳으로 향해 보자.

◆ 국립 고고학 박물관(National Archaeological Museum)

이 박물관은 아테네에서 가장 대표적인 관광지 가운데 하나이다. 아름다운 신고전주의풍 건물 안에, 신석기시대 유물을 포함해 세계 최고의 그리스 유물들이 늘어서 있다. 전시 중인 유물에는 눈부시게 아름다운 도자기, 놀랍도록 멋진 조각상, 감동적인 공예품과 우아한 보석 등이 있다. 그중에서도 아테네 동편의 스파타에 있는 한 무덤에서 발견된 아름다운 금목걸이와 그리스 청동기 시대에서 가장 유명한 공예품인 아가멤논 왕의 황금가면은 진정한 하이라이트다.

:: 참고 사이트: namuseum.gr

◆ 헤라클리온 고고학 박물관(Heraklion Archaelogical Museum)

그리스 모더니즘식으로 지어진 복층 건물인 이 훌륭한 최신식 박물관에서 크레타의 역사를 파고들어 보자. 그리스에서 가장 중요한 박물관으로 꼽히는 헤라클리온 고고학 박물관은 아름다운 뱀의 여신 조각상 같은 뛰어난 미노스 문명의 걸작을 포함해 신석기시대부터 로마시대까지 5500년의 세월을 아우르는 유물들을 소장하고 있다.

:: 참고 사이트: heraklionmuseum.gr

◆ 국립 미술관(National Gallery)

아테네 국립미술관은 비잔틴 이후부터 오늘날에 이르는 예술 작품을 2만 점 이상 소장하고 있다.

:: 참고 사이트: nationalgallery.gr

일상 속에서 메라키를 실천하는 법

여러분이 자신의 일을 사랑하고, 해야 할 활동과 업무에 영혼을 쏟는다면 이는 여러분의 일상 속 태도나 견해, 그리고 삶의 방식에 스미게 된다. 어떤 이는 다행히도 창조적인 열정에 자기 자신을 쏟아부으며 이미 메라키 식으로 삶을 살아가고 있을 수도 있다. 또 어떤 이에게는 이런 일이 벌어지지 않을 수도 있다. 우리는 관성에 따라 살아가기도 하고, 일이나 아이들, 반려동물, 장보기나 집안일 때문에 정신이 탈탈 털리기도 한다. 마음껏 창조적인 활동에 빠질 시간도 없을 수 있다. 그러나 마음만 먹는다면 우리 모두 메라키에 좀 더 가까운 방식으로 삶을 살아갈 수 있다. 그렇다고 그 시작이 거창해야 할 필요도 없다.

여러분이 어떤 일을 할 때, 그 일이 창조적이든 아니든 간에 스스로에게 이렇게 묻자. "나는 여기에 내 100퍼센트를 쏟을 것인가? 내가 하게 될 일에 더 많은 노력과 집중을 쏟을 수 있는가?" 여러분은 그림을 그릴 수도, 아니면 악기를 연주할 수도 있다. 또는 창의력과 사랑을 담아 저녁 식사를 만들거나 정원에서 꽃을 가꿀 수도 있다. 한 걸음 뒤로 물러서서, 당장 손에 쥐어진 일을 대하는 자신의 태도를 되돌아보자. 전적으로 열정과 노력을 기울이고 있지 않다면, 그 이유는 무엇일까? 즐겁지 않다면 자신의 모든 것을 쏟는 게 어려울 수 있다. 창의적인 의욕을 불러일으키는 일, 관심을 사로잡는 일, 스스로가 진정으로 즐기는 일을 해 보려고 노력하자.

만약 쉽게 산만해지는 편이라면 일을 처리하는 데에만 전념할 시간과 휴식을 취할 시간을 따로 확보하자. 그리고 일에 전적으로 몰두하자. 당장에는 가장 잘하는 일이 아니라 할지라도(대개는 그럴 가능성이 높다) 그저 그 일에 매진하며 시간과 노력을 투자해 보자. 매일 더 많은 시간을 투자할수록 더 많은 보상을 얻을 수 있다는 것을 깨닫게 된다.

여러분이 어떤 활동에 흥미를 느끼고 어디에서 기쁨을 얻는지 생각해 보는 데에서 출발하자. 항상 그림을 그리고 싶다고 생각했다면? 지금 바로 시작해 보자. 강가나 언덕, 바닷가 등 아름다운 풍경을 찾아가 이젤을 세우고 그림을 그리자. 늘 무용가가 되기를 바랐다고? 무용을 배울 수 있는 학원을 인터넷에서 찾아보자.

아름답게 식탁을 꾸민 뒤 친구나 가족과 함께 식사하며 인생에 메라키를 가미해 볼 수도 있다. 어여쁜 린넨 식탁보를 펴고 가장 좋은 그릇을 내놓자. 신선한 꽃 몇 송이를 올리고 촛불도 켜자. 식탁을 장

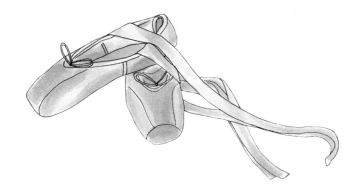

식하는 데 진심으로 집중하고 그 작업에 엄청난 사랑과 노력을 쏟자. 그리고 식탁을 더욱 특별하게 해 줄 음식을 만들자.

무엇보다 중요한 것은, 어떤 창조적인 활동을 하든 정신이 산만해지지 않게 휴대폰을 멀리 숨겨 놓고, 인터넷을 하고 싶은 충동이 들지 않게 와이파이를 꺼 버리라는 것이다.

푸라 비다

코스타리카

•

'안녕'보다
흔한 말의 정체

푸라 비다

코스타리카

푸라 비다란?

코스타리카에 가면 어디서든 푸라 비다Pura Vida라는 말을 쉽게 들을 수 있다. 푸라비다는 코스타리카 문화에서 중요한 개념으로 코스타리카 사람들의 마음속 깊이 자리하고 있으며, 사랑과 소속감, 공동체 의식을 의미한다. 코스타리카는 지구에서 가장 행복한 나라 가운데 하나로 꾸준히 상위권을 유지해 왔는데(2020년 세계행복보고서에서 15위를 차지했다) 푸라 비다는 여기에 큰 기여를 한 표현이자 철학이다. 만약 코스타리카에 방문해서 스페인어를 단 한 마디만 배워야만 한다면, 이 말을 배우는 게 만사형통할 것이다.

푸라 비다는 '순수한 삶'을 의미하며, 누군가를 맞이할 때나 배웅할 때 "안녕하세요"와 "안녕히 가세요"로도 사용할 수 있는 말이다. 또한 "저는 잘 지내요", "다 좋아요", "걱정 마세요", "천만에요"나

"산다는 게 다 그렇지!"와 같은 말로도 쓰일 수 있다. 이 말은 언제나 긍정적인 의미를 가진다. 코스타리카에 살다 보면 머지않아 푸라 비다를 입버릇처럼 쓰게 될 것이다. 여관이나 호텔, 식당, 술집과 서핑 스쿨에서도 '푸라 비다'라는 말이 가게 이름 옆에 붙어 있는 모습을 볼 수 있고, 그러다 보면 매일 조금씩 이 말이 잠재의식 속으로 스미게 되니까 말이다.

푸라 비다는 단순한 말이 아니라 삶의 방식이 담긴 말이기도 하다. 행복과 웰빙, 만족감이 담겨 있으며, 살면서 따라야 할 말이다. 이 말은 선한 삶을 살고, 느린 삶을 즐기며, 긴장을 풀고 마음을 편히 먹는다는 의미다. 또한 사랑하는 사람들과 가족들과 친밀한 시간을 보내고, 인생의 단순한 기쁨에 감사하는 것이기도 하다. 코스타리카 사람들이 "푸라 비다!"라고 할 때면 행복하게 활짝 핀 미소가 함께한다.

푸라 비다는 어디에서 왔을까?

'푸라 비다'라는 말이 언제 처음 나왔고 어디서 왔는지는 아무도 모르지만, 오랫동안 코스타리카 문화와 함께해 왔다. 떠도는 이야기 중 하나는 이 말이 1956년 〈푸라 비다〉라는 멕시코 영화에서 생겨났다는 것이다. 이 영화에는 태평스럽고 낙천적인 성격을 가진 코미디언이 등장하는데, 그 후 코스타리카 사람들은 이 말이 마음에 들어 쓰기 시작했다고 한다. 이 이야기는 별로 중요하지 않다. 이제 푸라 비다는 코스타리카 고유의 것으로, 이 나라의 참된 정신과 문화를 포함하니까 말이다.

우리의 건강과 행복에 어떻게 도움이 될까?

앞서 이야기했듯, 코스타리카는 세계행복보고서에서 매년 높은 순위에 오르는 나라다. 또한 블루 존Blue Zone으로 알려진 니코야Nicoya 지역을 보유한 나라이기도 하다. 내셔널 지오그래픽 재단과 베스트셀러 작가 댄 뷰트너Dan Beuttner가 실시한 조사에 따르면, 블루 존은 지구상에서 주민들이 더 건강하고 행복한 삶을 더 오래 사는 지역에 붙여 주는 이름이다. 니코야의 주민들은 여러 이유 덕에 100세까지 사는 것으로 알려져 있다. 이곳 사람들은 저녁을 가볍게 먹고 신체적으로 활발한 활동을 즐기는 한편, 가족 및 공동체와 끈끈하게 관계를 유지하고 목적 있는 삶을 산다고 한다.

푸라 비다의 삶을 사는 일은 사람들에게 놀라우리만큼 긍정적인 영향을 미치는 것으로 보인다. 중앙아메리카의 다른 이웃 나라들과 비교해서, 코스타리카는 상대적으로 빈곤율이 낮으며, 전체적으로 안정적인 정치 상황과 더 높은 생활 수준을 갖췄다.

코스타리카 사람들은 상당한 시간을 야외에서 보내면서 건강하고 적극적인 삶을 살아간다. 자연으로 돌아가 활발하게 지내는 것이 '순수한 삶'의 전부다. 이 나라는 다양한 새와 야생 동물에게 집이 되어 주는 푸르른 밀림, 풍성하게 쏟아지는 폭포와 눈처럼 하얀 모래가 펼쳐진 바닷가를 모두 가진 축복의 땅이라, 자연 속에 파묻혀 살기에 완벽한 장소가 된다.

치열한 경쟁에 뛰어들거나 사소한 일을 걱정하는 대신, 더 느리고 느긋한 속도로 살아갈 때 스트레스는 줄어들고 스트레스와 관련한 병에 걸릴 가능성도 낮아진다. 이는 곧 더 건강한 사회와 같은 의미다. 대부분의 코스타리카 사람들이 그러하듯 풍성한 열대 과일과 신선한 해산물, 영양 만점의 콩으로 만들어진 건강한 음식을 먹고 풍부한 햇빛을 받으며 아름다운 환경에서 살아가는 것 역시 여기에 한몫하리라!

코스타리카 어디에서 푸라 비다를 만날 수 있을까?

푸라 비다는 코스타리카 어디에서든 만날 수 있다. 일상 구석구석에 배어 있기 때문이다. 어딜 가나 친절한 코스타리카 사람들은 싱글벙글 미소를 띠고 푸라 비다를 기원하며 방문객을 반겨줄 것이다.

눈부신 코스타리카의 자연과 풍광은 모든 것을 내려놓고 느긋한 마음으로 현재에 충실하게 살아가면서 푸라 비다의 정수精髓를 느낄 수 있게 도와준다. 푸르게 우거진 밀림과 야자수가 보이는 바닷가, 그리고 평화롭게 일렁이는 파도로 이뤄진 풍경에 빠져 보자. 화산이 끓여 낸 온천수에 몸을 담그고, 머리 위로 곧장 떨어지는 폭포수를 맞고, 재미난 책을 들고 해먹에 몸을 누이거나 부드럽게 펼쳐진 바닷가 모래 위에서 오후 햇볕을 받으며 게으름을 피우면서 스트레스와 걱정은 떠나보내자.

푸라 비다는 또한 야외로 나가서 적극적이고 건강하게 지낸다는 의미다. 이 나라에는 야외에서 해 볼 수 있는 모험이 넘쳐난다. 아드레날린이 솟구치는 활동에 열광하는 이라면 하얗게 부서지는 급류 사이로 래프팅을 해 보는 것도 좋다. 덜 과감한 활동을 선호하는 편이라면 요가매트 위에 선다거나, 서핑을 하거나, 패들보드를 타러 바다로 향하거나 아니면 등산화 끈을 단단히 묶고 산에 오를 수도 있다.

전형적인 푸라 비다를 경험해보고 싶으면 사라피키 골짜기의 산미겔 외부에 있는 소규모의 가족 핑카Finca(농장)에서 하룻밤을 보내

보자. 예를 들어 알베르게 엘 소코로Albergue El Socorro 같은 곳을 예약할 수 있다. 이 지역에는 농장과 목초지가 여기저기 퍼져 있다. 원숭이, 새, 나무늘보와 같은 야생동물을 관찰하거나 등산, 급류 타기 등을 시도해 보기에 제격이다. 알베르게 엘 소코로는 긴장을 풀고 일상의 소란함에서 탈출해 진정한 코스타리카의 전원생활을 경험하기에 완벽한 곳이다. 근방의 폭포를 탐험하거나 농장에서 일손을 돕고, 아니면 밀림에 난 산책로를 걸어 볼 수도 있다.

일상 속에서 푸라 비다를 실천하는 법

중요한 존재에 집중하기

가족, 친구, 자연, 야생동물, 몸에 좋은 음식과 음료를 충분히 먹고 마시는 것에 집중하자.

휴식 취하기

긴장을 풀고 느긋해지는 시간을 만드는 것은 중요하다. 몸을 작게 웅크리고 책을 읽거나, 소파에 기대어 앉아 영화를 보거나, 목욕을 하거나 마사지를 받는 등 여러분을 느긋하고 차분하게 해주는 일이라면 무엇이든 좋다.

속도 늦추기

우리 대부분이 따라가듯, 정신없이 빠른 생활 방식에 휩쓸리지 않기란 쉽지 않다. 삶의 속도를 늦추고 언제나 서두르지 않도록 노력해 보자. 푸라 비다는 시계를 보며 걱정하지 않는다는 의미다.

현재에 충실하기

발걸음을 멈추고 주변을 둘러보고, 현실에 충실하고 마음 챙김을 실천하자. 과거에 일어났거나 미래에 일어날 수 있는 일에 지나치게 집착할 필요 없다. 현재에 충실하게 살아가고 바로 지금 벌어지는 일에 집중해야 한다. 아름다운 풍경을 감상하고, 집밥을 음미하고, 새가 지저귀는 소리나 아이들이 거리에서 뛰어노는 소리에 귀를 기울이자. 온몸으로 받아들이자.

긍정적으로 지내기

누구나 인생을 살면서 짜증 나는 일을 겪게 된다. 여기에 휘둘리지 않도록 하자. 여러분이 원치 않은 방향으로 상황이 흘러갈 때, 차분함을 유지하고 계속 긍정적인 마음을 가지도록 노력하자. 안 좋은 일 대신 좋은 일들에 초점을 맞추자.

비울수록 좋다

푸라 비다의 미덕은 단순함이다. 가장 큰 TV, 가장 고급스러운 차, 수영장이 딸린 집 등을 누가 더 많이 가졌는지 경쟁하는 게 아니다. 중요한 것은 여러분이 소유한 것의 양이 아니라 질이다. 비울수록 좋다.

활동적으로 움직이기

코스타리카 사람들은 물고기를 잡든, 농사를 짓든, 서핑이나 등산을 하든, 수영을 하든 간에 건강에 필요한 만큼의 비타민D를 얻기 위해 햇빛을 받으며 야외에서 오랜 시간을 보낸다. 그러니 동네 스포츠 클럽에 가입하고, 달리기를 하거나 수영장에 뛰어들어 몇 바퀴 돌아보자. 활동적으로 움직이면 엔도르핀이 분비되고, 여러분은 더 행복해질 것이다.

낭만주의

영 국

•

아름다움은
가까운 곳에 있다

낭만주의
영국

낭만주의란?

낭만주의라는 말을 들으면 보통 촛불을 켠 채 저녁 식사를 하고, 바닷가를 오랫동안 산책하면서 밸런타인데이를 축하하는 모습을 떠올린다. 그러나 실제 낭만주의는 이름과 다르게 사랑의 감정과는 상관없다. 낭만주의는 18세기 후반 유럽에서 시작된 예술 및 지식 운동으로, 19세기 중반까지 전 세계로 퍼져 나가며 꽃을 피웠다.

낭만주의 운동은 예술과 음악, 문학에 이상적인 자연과 열정, 상상과 감정을 끌어들였다. 낭만주의 시대의 예술가들은 이성과 계몽의 시대가 낳은 철학에 환멸을 느꼈고, 체계적이고 지적으로 예술에 접근하는 방식을 의도적으로 멀리했다. 낭만파는 세계를 바라보는 방식 중에서 오직 이성과 질서만 인정하는 사상에 의심을 품었고, 감정이나 자연에 대한 존중과 감수성도 그만큼 중요하다고 주장했다. 이것이 낭만파를 움직이는 창조적인 추진력이 되었고, 예술가들은 예술을 통해 관객들로부터 정서적인 반응을 이끌어 내려 했다.

낭만주의 시대와 계몽 시대는 개인적 관점을 중시한다는 점에서는 닮았지만, 낭만주의는 좀 더 자기성찰적인 접근법에 가깝다. 따라서 인간의 영적인 측면과 자연의 아름다움을 탐구하기 위해 개인의 상상과 감정, 개인적인 표현에 더 집중한다. 프랑스 시인 샤를 보들레르Charles Baudelaire는 1846년 "낭만주의는 분명 주제의 선택이나 정확한 진실이 아니라 느끼는 방식에 달려 있다"라고 표현하기도 했다.

낭만주의는 그림과 조각부터 문학과 건축, 음악에 이르기까지 몹시도 다채로운 형식과 주제를 아울렀다. 낭만주의 화가들은 주로 회화 작업을 많이 했고, 그중에서도 풍경화는 가장 잘나가는 장르였다. 영국의 조지프 말로드 윌리엄 터너J.M.W. Turner는 낭만주의 풍경화로 유명한 화가로, 스위스로 여행을 떠났다가 눈부신 풍광에 영감을 얻으면서 그때부터 자연에 매료되어 그림으로 표현하기 시작했다.

터너와 존 컨스터블John Constable, 프란시스코 고야Francisco Goya, 외젠 들라크루아Eugene Delacriox와 앙투안 장 그로Antoine-Jean Gros 등 낭만주의 화가들은 지형과 동물, 바다와 하늘 같은 자연을 세세히 관찰했고, 가끔은 야외에서 그림을 그리기도 했다. 전쟁이나 프랑스 혁명을 묘사한 그림들을 포함하여 어떤 작품들은 자연의 아름다움뿐 아니라 권력과 파괴력을 담기도 했다. 이 작품들은 감상자들에게 공포와 경외심, 그리고 존경의 감정을 불러일으켰고 낭만주의가 가장 중시하는 '보는 이의 정서적인 반응'을 얻어낼 수 있었다.

윌리엄 블레이크William Blake나 사무엘 테일러 콜리지Samuel Taylor Coleridge, 그리고 윌리엄 워즈워스William Wordsworth는 섬세한 작품으로 영국 문학계에서 낭만주의를 일으켰다. 퍼시 비시 셸리Percy Bysshe Shelley와 바이런 경Lord Byron, 존 키츠John Keats 등 2세대 낭만주의가 그 뒤를 잇는가 하면, 어떤 비평가들은 메리 셸리Mary Shelley의 명작《프랑켄슈타인》이 보여 준 놀라운 상상력이 낭만주의라는 개념을 완전히 새로운 수준으로 끌어올렸다고 평한다.

미국에서는 시인 에드거 앨런 포Edgar Allan Poe와 월트 휘트먼Walt Whitman이 낭만주의 시대에 두각을 나타냈다. 이 시기 동안 시는 자연, 그리고 자연과 인간 사이의 관계를 노래하면서 강렬한 감정과 개성을 표현했다.

음악의 낭만주의 시대는 약 1830년에 시작되어 1900년 정도에 끝이 났는데, 가장 유명한 작곡가로는 루드비히 반 베토벤Ludwig van Beethoven, 리하르트 바그너Richard Wagner, 프란츠 리스트Franz Liszt, 그리고 표트르 일리치 차이콥스키Pyotr Ilyich Tchaikovsky 등이 있다. 비록 베토벤은 낭만주의 시대가 시작되기 직전에 세상을 떠났지만, 딱딱하고 정형화된 당시의 클래식 음악에서 벗어나 새로운 접근법을 만들어 냈다는 점에서 음악의 낭만주의를 개척했다고 평가받는다.

음악 창작은 좀 더 치열해지고 열정적으로 변화했으며, 표현은 더욱 풍부해지고

독창적이 되었다. 극적인 오페라와 규모가 커진 오케스트라, 더욱 넓어진 음역과 화려한 기교의 피아노 등은 당시 미술과 문학에서 영향을 받았다.

낭만주의는 사상운동이었고, 서구 세계에서 기념비적인 변화를 이끌어 냈다.

낭만주의는 어디에서 왔을까?

낭만주의가 언제 어디에서 태동했는지에 대해서는 다양한 생각과 사상들이 존재하고, 이 움직임의 정확한 시작점을 딱 떨어지게 짚기는 어렵다. 대개 영국과 독일에서 시작되어 유럽을 휩쓸고 미국으로 건너갔다고 믿는 이들이 많으며, 낭만주의라는 용어는 1800년경 문학평론분야에서 처음 등장한 것으로 본다. 혹자는 독일의 시인 프리드리히 슐레겔Friedrich Schlegel이 창의적인 형식으로 감정을 표현하는 문학을 뜻하기 위해 '낭만적'이라는 말을 최초로 사용했다고 말하기도 한다.

낭만주의는 18세기 중반 정도에 벌어진 여러 사건까지 거슬러 올라갈 수 있으며, 그림형제의 동화를 포함한 독일의 민간 설화와 옛 영국의 발라드Ballad(용감한 모험담이나 연애담을 다룬 서정적이고 서사적인 시) 등이 초기의 작품들에 영향을 준 것으로 보인다. 또한 민족주의와 프랑스 혁명 역시 큰 영향을 미쳤는데, 예술가들은 이제껏 시도하지 않았던 방식으로 트라우마에 대처하고 감정을 표현하기 위해 예술을 활용했다.

우리의 건강과 행복에 어떻게 도움이 될까?

낭만주의적인 마음가짐을 갖출 때, 우리는 자기 감정을 알아차리고 그 감정을 자유롭게 표현할 수 있는 능력을 가질 수 있다. 낭만주의의 기본적인 개념은 억압에서 자유로워지고, 스스로를 표현하고, 자신의 감정을 이어가며, 상상력을 마음껏 펼치면서 창의적으로 생각하는 것이다.

인간에게 감정이란 분노, 행복, 흥분, 두려움처럼 대부분의 우리를 이끌어가는 존재다. 감정을 그냥 묻어 두면 오랫동안 몸과 마음의 행복에 굉장히 파괴적인 영향력을 미친다. 음악, 미술, 무용이나 시를 통해 창조적으로 표현을 하든 아니면 그저 친구와 대화를 나누든 간에 감정을 표현하는 것은 도움이 된다. 에너지를 방출하고, 우리가 느끼는 감정을 알림으로써 상대방에게 더 깊이 이해받을 수 있기 때문이다. 또한 우리는 약점을 드러낼 때 더 깊고 의미 있는 관계를 만들어 갈 수 있다.

그뿐만 아니라, 낭만주의는 개인의 중요성을 강조하면서 상당히 혁신적인 개념을 내놓았다. 낭만주의는 사람들이 저마다의 상상력을 펼치고, 과거에서 자유로워지며, 주어진 규칙이나 전통보다는 자신의 이상을 좇도록 장려했다. 예술가들은 자유의 추구에 흥미를 느꼈고, 빈곤층을 착취하고 여성을 종처럼 부리는 등의 사회적 구조를 맹렬하게 비난했다.

자연 역시 낭만주의에서 중대한 부분을 차지했다. 터너와 컨스터블 유화에 나타나는 숭고한 영국의 전원 풍경부터 워즈워스의 시에서 찾아볼 수 있는 자연에 대한 사랑까지, 예술가들은 자연에 대한 깊은 존경심을 묘사해 냈다. 낭만주의는 자연의 세계가 얼마나 강렬하고 중요한지 일깨워 주고, 우리에게 미치는 신체적·정신적·영적인 영향력을 깨닫게 해 준다.

영국 어디에서 낭만주의를 만날 수 있을까?

직접 언덕에 올라 예술가들에게 영감을 안겨 준 바로 그 풍경 속에 빠져들기를 바라든, 아니면 예술 작품과 시 자체로 그 예술가의 관점을 보는 것을 선호하든 간에 영국은 다양한 기회를 제공한다.

워즈워스 생가와 정원

컴브리아 코커머스에서 시인 윌리엄 워즈워스가 태어나고 어린 시절을 보낸 집을 방문해 보자. 이곳에서 워즈워스는 평생의 사랑인 자연과 문학을 처음 배웠고, 어린 시절에 시골 동네를 여기저기 쏘다니거나 집에 가득 꽂힌 책들을 꺼내 읽기를 좋아했다고 한다.

:: 참고 사이트: nationaltrust.org.uk/wordsworth-house-and-garden

그래스미어(Grasmere)

컴브리아 그래스미어의 명랑한 마을은 문학을 사랑하는 이들과 낭만주의에 관심 있는 이들에게 유명한 순례지다. 이 지역에서 여러분은 워즈워스가 1799년부터 1808년 사이에 살았던 집인 도브 코티지Dove Cottage를 방문해 볼 수 있다. 호수 끄트머리에 자리한 도브 코티지는 완만한 언덕과 숲으로 둘러싸여 있다.

콜러리지 코티지(Coleridge Cottage)

서머셋 네더스토위에 위치한 이 17세기 오두막은 시인 사무엘 테일러 콜러리지가 1797년부터 3년간 살았던 집이다. 이곳에서 보낸 짧지만 중요한 시기에 콜러리지는 <늙은 수부의 노래>와 <한밤의 서리>같이 가장 유명한 작품들을 썼다. 방문객들은 집을 구경하고 정원을 천천히 산책하면서 콜러리지가 어디에서 영감을 얻었는지 깨달을 수 있을 것이다.

:: 참고 사이트: nationaltrust.org.uk/coleridge-cottage

테이트 브리튼(Tate Britain)

런던의 테이트 브리튼 갤러리에 있는 낭만주의 거장들의 작품 앞에 서서 경외감에 젖어 보자. 이 갤러리는 터너의 작품들을 가장 많이 소장하고 있다.

윈체스터(Winchester)

1819년부터 윈체스터에서 시간을 보낸 존 키츠의 발자취를 따라 걸어 보자. 존 키츠는 전원 풍경 속을 천천히 거닐면서 영감을 얻어, 가장 유명한 작품 중 하나인 <가을에게>를 집필했다. 이곳을 방문하면 왜 키츠가 이 매력적인 마을에 마음을 빼앗겼는지 쉽게 깨닫게 된다. 윈체스터는 웅장한 중세의 대성당, 그림처럼 아름다운 강과 골짜기 등과 함께 장엄한 역사를 갖춘 지역이다.

일상에서 낭만주의를 실천하는 법

물론 아름다운 영국의 전원을 감상한다고 해서 누구나 명작과 같은 시나 그림을 탄생시킬 수 있는 것은 아니다. 그러나 우리는 자연과 개인적인 표현, 감정의 깨달음 같은 낭만주의의 이상향을 살펴보고 우리 삶에 적용해 볼 수 있다.

주변의 아름다움 감상하기

낭만주의자들은 만물의 아름다움을 바라보며 시간을 보냈다. 숲이나 동네 공원으로 산책을 나가자. 잠시 앉을 자리를 찾아 자연을 온몸으로 받아들이자. 아름다움을 감상하면서도 자연이 지닌 힘과 예측 불가성을 밝혀 보자. 운 좋게도 파란 하늘과 쨍한 햇빛을 볼 수 있는 날이라면 사물, 나뭇잎과 우듬지, 다른 사람들이 환하게 빛나는 모습을 바라보자. 어두침침하고 쓸쓸한 날이면 비가 방울방울 떨어지고 나뭇잎 위에 맺히는 모습, 바람이 자연에 미치는 영향과 파괴적인 힘을 발휘하는 모습에 관심을 기울이자. 자연을 관찰하는 시간을 일상생활에 포함해 보자.

창의력을 자극하기

우리는 모두 내면에 숨은 창의력을 발견할 수도 있다. 그리고 누가 알까? 우리가 제2의 터너나 워즈워스가 될지! 미술 수업에 참여하거나, 붓과 캔버스를 챙겨 야외로 나가 영감을 얻어 보자. 시집을 읽어도 좋다. 시집 중에는 1년 동안 매일 한 편씩 접할 수 있게 만들어져서, 다양한 시대에 다양한 시인이 쓴 작품들을 읽어 볼 수 있는 책도 있다. 또는 직접 시를 쓰거나 새로운 악기를 배워 보는 건 어떨까? 작업을 할 때 감정의 인식과 개인적인 상상력이 낭만주의의 특징이라는 것을 잊지 않도록 노력하자.

감정을 인식하기

어떤 이는 감정을 솔직히 드러내고, 또 어떤 이는 감정을 내보이기 어려워한다. 우선 자리에 앉아 여러분이 어떻게 느끼는지 생각해 보고 감정을 인식하자. 화가 났는가? 두려운가? 불안한가? 흥분하거나 기쁨으로 가득 찼나? 자기 자신을 평가하지 말고, 그냥 인식만 하자. 여기에는 명상이 유용하다. 조용한 장소를 찾아서, 바닥이나 쿠션 위에 편안한 자세로 앉거나 의자 위에 자리를 잡고 적어도 10분 정도는 투자하자. 눈을 감고 어떤 기분인지 초점을 맞춰 보자. 그러나 그 어떤 생각이나 기분에도 너무 오랫동안 매달리지 않도록 주의하고, 그저 깨달은 뒤 흘려보내자. 이 행위는 몸과 마음을 차분하게 유지하면서 감정과 계속 이어질 수 있게 도와준다.

삼림욕

일본

영혼의 때를
벗기는 장소, 숲

삼림욕

일본

삼림욕이란?

숲과 목욕을 결합한 단어인 삼림욕森林浴 또는 산림욕山林浴은 자연을 활용한 치료법으로, 자연 속에서 휴식을 취하고 실제로 야외에서 햇볕을 쬐는 것(일광욕하는 것)을 의미한다. 삼림욕이라는 용어는 약간의 오해의 소지가 있다. 국립공원 한가운데에 있는 따뜻한 온천에 몸을 담그거나, 어쩌면 집 마당에서 꺾어온 나뭇가지들을 욕조에 높이 쌓아두고 몸을 눕히는 모습을 떠올릴 수도 있기 때문이다. 하지만 실제 삼림욕은 아주 단순한 활동이라서, 사람들 앞에서 굴욕을 당하거나 섬세한 부위에 원치 않은 옻독이 오를 가능성은 없다고 볼 수 있다.

이러한 '목욕'의 유형은 컴퓨터와 스마트폰 화면에서 멀리 떨어진 채, 집이나 사무실 바깥에 있는 자연과 전원에 푹 파묻혀 스스로를 치유하는 방식이라고 볼 수 있다. 삼림욕에서는 지팡이를 들고 산에 오르거나 다른 녹초가 될 만한 활동을 하지 않는다. 그 대신 삶의 속도를 늦추고, 휴식을 취하고, 정처 없이 거닐고, 신선한 공기를 마시면서 야외 환경에 감각적으로 몰입하기 위해 잠시 멈추는 데에 초점을 맞춘다. 삼림욕이 지닌 중요성은 지금 이 순간에 충실하면서 의식적으로 주변 환경을 알아차리고 자연 속에 존재한다는 사실을 인식하는 데에 있다.

삼림욕은 어디에서 왔을까?

이 개념은 1980년대 일본에서 만들어졌는데, 당시 임야청 장관이었던 토모히데 아키야마가 삼림욕이라는 용어를 제안했다. 1980년대 경제호황 속에 일본 기업들은 회사 사람들에게 과중한 업무를 요구했고, 높은 스트레스가 그들의 건강을 해치기 시작했다. 사람들이 심장마비나 뇌졸중으로 죽어나가면서 과로사는 중대한 건강 문제가 됐다.

이후 사람과 자연의 연결을 통해, 경제호황이 만들어 내는 무절제와 스트레스에서 탈출할 수 있게 도와주어야 한다는 목표가 생겼다. 삼림욕은 일본이 의료 비용을 줄이려고 시도하는 과정에서 예방 의학의 토대로서 개발됐다. 오늘날 삼림욕은 일본에서 인기 있는 요법이 됐을 뿐 아니라, 전 세계적으로 인지도가 높아지고 있다.

우리의 건강과 행복에 어떻게 도움이 될까?

스트레스가 넘치고 전자 기기가 지배하는 이 현대 사회에서, 우리가 정신없이 바쁜 일상생활에서 벗어나 자연과 다시 연결되는 일은 점점 더 중요해지고 있다. 우리 대부분은 스마트 TV와 노트북 등 해로운 전자기기와 스마트폰이 끊임없이 울리고 진동하는 실내 환경에 둘러싸인 채 아주 많은 시간을 보낸다. 이 요소들이 끊임없이 우리의 주의를 끌기 위해 경쟁하면서 '테크노스트레스'를 자아낸다. 그리고 불안과 두통, 우울증부터 분노와 불면증에 이르기까지 각종 질병으로 이어질 수 있다.

이를 바로 잡을 수 있는 첫 단계는 단순히 스트레스 높은 환경에서 벗어나 야외로 나가는 것이다. 야외로 나갈 이유는 수도 없이 많다. 삼림욕은 건강에 여러모로 커다란 이익이 된다고 알려져 있다. 자연과 자기 자신의 감각에 활짝 마음을 열 때, 우리는 다시 제자리를 찾고 편안해지며 느긋해지기 시작한다.

삼림욕이 발전하던 초창기에 실시한 연구들은 자연을 산책하고, 잠시 휴식을 가지면서 진심으로 삶의 속도를 늦추는 것은 건강에 엄청난 이득이 된다는 사실을 보여 줬다. 연구에 따르면 그런 활동은 혈압과 코르티솔 수치를 낮추고 집중력과 기억력을 향상시킬 수 있으며, 나무와 풀에서 분비되는 화학물질인 피톤치드는 면역 체계를 강화시키는 것으로 나타났다. 더 많은 조사와 연구가 이 이론을 뒷받침해 주면서 일본 정부는 삼림욕을 국가적인 보건정책으로 채택했다.

도쿄에 있는 일본의과대학의 칭 리Qing Lee 박사는 유명한 삼림욕 및 삼림치유 전문가로, 박사의 연구에 따르면 숲속을 걷는 사람의 혈압은 상당 수준 낮아지고 에너지 수준이 올라갔다. 또한 삼림치유는 죽거나 죽어가는 세포를 죽이고 암과 싸우는 자연살해세포의 수를 증가시키는 것으로 밝혀졌다. 나무는 박테리아와 벌레로부터 스스로를 보호해 주는 식물성 천연 오일인 피톤치드를 분비하기 때문이다. 칭 리 박사가 진행한 한 연구는 피톤치드에 노출되면 여러 가지 이득을 누릴 수 있는데, 수면의 질이 높아지고 스트레스 호르몬 수치가 낮아지며 자연살해세포의 수가 증가하고 면역 체계가 더욱 강해진다는 사실을 밝혀냈다.

일본 어디에서 삼림욕을 만날 수 있을까?

일본 땅 3분의 2가 숲으로 덮여 있고, 서른 개 이상의 국립공원이 존재한다는 점에서 이 나라가 삼림욕의 고향이라는 것은 놀랍지 않다. 여기에 더해 64곳의 삼림치유거점이 존재한다. 삼림치유거점은 삼림치유전문가가 야외 활동에 적합한 산책로를 적어도 두 군데 이상 가지고 있다고 인증한 숲이다. 일본에는 삼림욕을 경험할 수 있는 장소가 무수히 많은데, 그중에서도 개인적으로 선호하는 곳들은 다음과 같다.

아카사와 자연휴양림(赤沢自然休養林)

나가노현 기소에 있는 이 넓은 숲은 최초의 삼림치유거점 가운데 하나이자 삼림욕이 탄생한 곳으로 여겨진다. 또한 일본에서 가장 아름다운 숲으로, 300년 된 기소 히노키(일본 사이프러스 나무)의 서식지이면서 다양한 산책로를 보유하고 있다.

야쿠시마 국립공원(屋久島国立公園)

유네스코 세계자연유산으로 지정된 야쿠시마 섬에 있는 이 공원에서는 세계에서 가장 오래된 나무를 볼 수 있다. 아주 오래된 야쿠스기(일본 삼나무)의 나이는 1000살도 넘는다. 이 공원은 깎아 지르는 산봉우리와 거친 내부 환경으로 등산 마니아들을 유혹하는가 하면, 이끼로 뒤덮인 돌과 졸졸 흐르는 시냇물 그리고 폭포 사이로 삼림욕을 경험하기에 딱 완벽한 숲속의 장소들도 존재한다. 엄청난 사랑을 받은 미야자키 하야오의 만화 영화 <모노노케 히메> 속 여러 장면의 모티프가 되었다고도 한다.

추부 산가쿠 국립공원(中部山岳国立公園)

이 공원은 북일본 알프스에서 넓은 면적을 차지하고 있다. 일본에서 가장 장엄한 산봉우리와 함께, 세월이 느껴지는 너도밤나무와 삼나무, 수정처럼 맑은 시냇물과 김이 오르는 온천이 놀라울 정도로 인상적인 풍광을 만들어 낸다.

다카오산(高尾山)

다카오산은 도쿄에서 당일치기로 쉽게 다녀올 수 있는 곳으로(도쿄의 신주쿠 역에서 게이오선을 타고 서쪽으로 한 시간만 가면 된다) 매우 인기 높은 등산지다. 주말에는 정말로 번잡하니 웬만하면 피하도록 하자. 제1등산로가 가장 인기 있는 코스이며, 잘 포장된 산책로도 있지만 좀 더 자연으로 돌아간 기분을 느끼고 싶다면 아주 경쾌하고도 덜 붐비는 제6등산로로 향해 보자.

일상 속에서 삼림욕을 실천하는 법

　삼림욕을 하기 위해 일본의 웅장한 국립공원을 찾을 필요는 없다. 이 자연 요법이 지닌 미덕은 어느 곳에서든 시도해 볼 수 있다는 점이다. 숲이나 국립공원 근처에 살지 않더라도 동네의 근린공원으로 향하거나 집 마당에 앉아 있어도 좋다. 우리에게 필요한 것은 잠시 짬을 내어 느긋하게 걷거나 앉아 있을 수 있게 나무나 풀로 채워진 야외 공간이니까. 중요한 것은 혹독한 운동이나 격렬한 활동이 아님을 기억하자. 자연과 이어지는 것을 중심으로 두어야 한다.

　가능하면 삼림욕을 위해 적어도 두 시간을 비워 두는 게 좋지만, 여러분이 타임푸어라면 20분이나 30분 동안의 짧은 휴식도 도움이 될 것이다. 다음은 삼림욕 장소를 향해 떠날 때 고려해야 할 몇 가지 기본적인 요소다.

관찰력을 가지기

주변 환경을 의식하고 전적으로 받아들이자. 감각에 주파수를 맞추고 사람과 동물, 바람의 소리에 주목하자. 가지각색 나뭇잎과 나무껍질 구석구석을 살핀 다음, 손가락으로 그 위를 훑어 보자.

혹시 새소리가 들리는가? 숲과 꽃, 나뭇잎과 흙의 향기를 맡을 수 있는가? 삼림욕은 의도적으로 천천히 움직이는 운동으로, 신체적 활동보다는 정신적인 깨우침에 무게를 두고 달팽이의 속도로 수행하는 것이다.

천천히 걷기

걸음을 걸을 때면 느리고 꾸준하게 걷자. 주변을 관찰할 수 있게 느긋한 속도로 돌아다니자. 걷고 있는 속도에 계속 집중하며, 서두르지 말아야 한다. 그리고 산만해지지 않도록 노력하자.

잠시 시간 내기

앉아 있을 만한 장소를 찾기 위해 시간을 내 보자. 어쩌면 연못가나 공원, 아니면 뒷마당 나무 그늘 아래일 수도 있다. 이 시간을 고요한 명상으로 채우기 위해 적어도 20분 정도를 할애하자. 현재에 충실하고 깨우침을 유지하되, 생각과 소란함은 떠나가도록 내버려 두자. 가능하다면 누워서 하늘을 올려다보며 구름을 자세히 살펴도 좋다. 사무실에서 일을 한다면 잠깐의 휴식을 위해 바깥으로 나가 신발을 벗고 풀밭을 걷자. 시간을 내는 일이 부담스러워야 할 필요는 없다. 자연 속에 머무르는 데에서 오는 이익을 계속 얻기 위해서는 사소한 행동이 도움이 될 것이다.

혼자 삼림욕을 하는 것이 꺼려져 동행자를 찾는다면, 가이드가 개인이나 모임을 안내해 주는 삼림욕단체가 세계 곳곳에 여럿 존재한다. 여러분이 사는 지역에서 관련 단체를 찾아보자. 자연과삼림치유협회Association of Nature and Forest Therapy에 따르면 전 세계적으로 공인받은 삼림욕 가이드는 약 1500명에 이른다고 한다.

칭 리 박사와의 인터뷰

칭 리 박사는 도쿄의 일본의과대학 소속으로, 일본삼림치유협회 회장이자 창립 멤버다. 또한 《자연 치유: 왜 숲길을 걸어야 하는가》와 《삼림욕의 기술과 과학The Art and Science of Forest Bathing》의 저자이기도 하다.

Q. 삼림욕을 어떻게 정의하나요?

삼림욕은 다리와 같습니다. 우리의 감각을 활짝 열면 삼림욕은 우리와 자연 세계 사이에 다리를 놓아 주지요. 사람들은 오감을 통해 삼림욕을 즐길 수 있습니다.

- 시각: 초록색, 숲의 경관
- 후각: 특별하고 좋은 냄새와 향
- 청각: 숲의 소리와 새의 지저귐
- 촉각: 나무를 만져 보고, 숲의 공기 속에 온몸을 맡김
- 미각: 산에서 난 음식을 먹고, 숲에서 신선한 공기를 맛봄

Q. 삼림욕이 건강과 웰빙에 주는 중요한 이점은 무엇이라고
생각하나요?

먼저, 혈압과 스트레스를 낮춰 줍니다. 심장 박동 수와 함께 코르
티솔이나 아드레날린, 노르아드레날린 같은 스트레스 호르몬을 줄
여 주면서 심혈관계 질환에 대한 예방 효과를 가집니다.

다음으로, 암을 예방해 줍니다. 자연살해세포의 수와 세포 내 항
암 단백질 지수를 올려 줍니다. 자연살해세포는 '면역세포'로, 박테리
아와 바이러스, 종양을 막는 데에 중요한 역할을 합니다.

마지막으로, 수면의 질과 기분을 개선해 줍니다. 수면 장애를 예
방해 주는 효과를 발휘하고 불안과 우울, 분노, 피로, 착란 등의 증상
을 줄여 줄 수 있습니다.

Q. 삼림욕이 효과를 내려면 얼마 동안 지속해야 할까요?

면역(자연살해활동)을 증진시키고 싶다면 2박 3일간의 여행을
추천합니다. 여행지에서 등산과 야영을 하면서 긴 시간 동안 자연
속에 푹 파묻힐 수 있을 거예요. 그냥 가볍게 긴장을 풀고 스트레스
를 완화하고 싶을 뿐이라면 집 근처 숲이 있는 공원으로 당일치기
나들이를 추천하겠습니다.

시수

핀란드

•

불가능을
가능으로 만드는 힘

시수
핀란드

시수란?

우리는 모두 인생을 살면서 곤경을 헤쳐 나가야만 하는 때를 겪고, 가끔은 다른 사람들보다도 더 힘겨운 시간을 견뎌 내야 할 수도 있다. 인간으로서 우리는 항상 도전과 곤경을 마주하게 되지만 어떻게든 빠져나간다. 이 불굴의 의지는 핀란드의 시수Sisu라는 개념의 본질이 된다. 역경에 부딪힌 어려운 시기에 불굴의 의지를 표하며 내면의 힘을 모으는 것. 이것이 바로 시수다. 시수는 우리가 고된 시간이나 힘겨운 일이 닥쳤을 때 깊이 파고드는 것이며, 어떤 일을 마지막까지 꿰뚫어 보는 정신력이다. 어쩌면 시수를 근성과 배짱, 완전무결함, 결단력이나 기개 정도로 생각할 수도 있겠다. 근본적으로 시수는 꿋꿋함이다. 일종의 심리적 힘이며, 영국 사람들의 'Stiff upper lip(경직된 윗입술, 불패의 기질이나 고집을 나타낸다)'이나 일본 사람들의 '頑張る(간바루, 참고 버틴다는 의미)'와 비슷한 정서를 담았다고도 할 수 있다.

시수는 사랑하는 이의 죽음이나 엄청나게 충격적인 사고 또는 높은 산에 오르려는 도전처럼 기념비적이거나 인생을 송두리째 바꿔놓을 사건에만 적용되는 것이 아니다. 물론 이러한 사건과도 연관이 있겠지만, 인생의 어떤 영역에서든 시수를 발휘할 수 있다. 직장에서 어떤 문제를 해결하거나 꼬여 버린 인간관계를 풀려는 것, 새로운 악기를 배우려는 것 등 어떤 일이든 상관없다.

2020년 갤럽이 조사한 세계행복보고서에서 핀란드는 세계에서 가장 행복한 나라로 뽑혔다. 이 결과에 대해 핀란드인들은 어느 정도는 어린 시절부터 뼛속 깊이 박힌 시수 덕이라고 생각한다. 도전으로 고군분투할 때, 시수는 사람들이 자신감과 회복탄력성을 가지며 궁극적으로 더 행복할 수 있도록 도와준다.

시수는 어디에서 왔을까?

시수라는 단어를 사용하기 시작한 것은 1500년대까지 거슬러 올라가는데, 이 단어는 내장이나 창자, 배짱 등을 의미하는 어근에서 나왔다고 한다. 가끔 핀란드 사람들은 전쟁과 굶주림으로 점철된 역사와 잔인할 정도로 가혹하고 추운 날씨 등의 고난을 언급하면서, 핀란드 사람들의 성격과 정체성에 시수가 어떻게 새겨졌는지 설명한다.

우리의 건강과 행복에 어떻게 도움이 될까?

캐나다에서 태어나 헬싱키에서 활동하고 있는 작가 카챠 판차르 Katja Pantzar는 자신의 저서 《시수를 찾아서Finding Sisu》에서 핀란드 사람들이 그들의 인생에 시수를 녹여 내는 다양한 방법을 설명했다. 그 활동 가운데 하나는 겨울에 얼음 수영을 하는 것이다. 누군가를 행복하게 해 주려고 할 때 가장 먼저 떠오르는 방법은 아니지만, 카챠는 자신이 어떻게 핀란드 친구들과 겨울 수영을 시작하게 됐는지 이야기를 들려주었다. 첫 경험의 충격을 겪은 뒤 카챠는 계속 얼음 수영을 하며 시수를 키울 수 있었고, 겨울이 끝날 무렵에는 단순히 그 과정을 견뎌낼 뿐 아니라 실제로 즐기고 의지하게 됐다. 겨울 수영을 하면서 카챠는 엔도르핀이 솟아오르는 것을 경험했고 덕분에 기분은 한결 좋아졌다. 스트레스를 풀기 위해 저녁마다 술 한 잔을 마시는 대신 잠깐 얼음물에 들어가 보라는 글을 쓸 정도였다. 시수를 가지게 되면서 카챠는 실제로 더 행복해졌다.

행복과 건강을 위해 수영복만 입고 얼음이 얼 정도로 추운 바다에 뛰어들라고 우기는 것은 아니다. 딱히 그런 게 취미에 맞는 편이 아니라면 말이다. 그러나 핀란드 사람들을 따라 시수를 발휘할 때 얻게 되는 몇 가지 건강상의 이점이 있다.

자신감을 얻는다

포기하고 싶은 문제나 도전에 매달려 있다가 해결할 수 있게 될 때 여러분은 진정한 자신감을 갖추게 되고 자존감 역시 높아진다. 그 이후에는 어느 정도 위험을 무릅쓰고 새로운 것들을 시도해 볼 가능성이 더 커진다. 여러분의 인생과 눈앞에 벌어진 복잡한 상황을 통제할 수 있을 때, 그 안에서 행복을 찾을 수 있을 것이다.

목표를 달성하게 도와준다

연습은 완벽함을 낳는다. 어렸을 때 악기를 배워 본 사람이라면 이 사실을 너무나 잘 알고 있을 것이다. 포기하지 않고 스스로를 채찍질함으로써 무언가를 더 잘하게 되는 좋은 기회를 얻는 셈이다. 그 무언가가 창의적인 글쓰기일 수도 있고, 수영일 수도 있으며, 고소공포증을 극복하는 것일 수도 있다. 무엇을 하든 간에 시수는 여러분이 성과를 거둘 수 있게 도와준다.

회복탄력성을 키운다

스트레스를 다루는 것은 꼭 필요한 기술이다. 시수에서 중요한 것은 회복탄력성과 역경의 극복인데, 이는 실직의 아픔을 극복하거나 중요한 업무 프로젝트와 씨름하는 것부터, 수영으로 영국 해협을 건너기로 결심하는 일까지 우리 앞에 닥친 과제가 무엇이든 해결할 수 있게 도와준다. 또한 회복탄력성은 스트레스와 우울증,

불안감을 줄이고 전체적인 행복감을 높이는 데에 도움이 된다.

시수에는 여러 가지 긍정적인 점이 많지만, 올바르게 사용하지 않는다면 부정적인 영향도 미칠 수 있다. '죽기 살기로'와 같은 태도로 상황을 견디다가 번아웃과 탈진으로 이어질 수도 있다. 그렇다고 모든 어려움을 아무런 지원 없이 홀로 맞설 수는 없다. 물론 도움을 청하는 것이 나약함의 증거가 될 수도 있다. 하지만 시수가 있든 없든 간에 우리 모두 어려운 시기를 견뎌낼 수 있도록 친구와 가족, 그리고 다른 도움의 손길에 의지할 필요가 있다.

일상 속에서 시수를 실천하는 법

자기 자신에게 도전하기

핀란드 사람들은 자연을 사랑하고 야외 활동을 즐기는 것으로 유명하다. 핀란드 사람들의 뒤를 따라 위대한 자연에 도전해 보자. 새로운 일을 향해 스스로를 밀어붙이자. 등산가가 아니라면 산에 오르고, 자전거를 잘 타지 못한다면 산악 자전거를 시도해 보자. 위험을 감수하고 자기 자신에게 도전하는 것이다. 그리고 오늘 1킬로미터로 시작했다면 다음번에는 2킬로미터를 해 보자. 목표를 달성하기 위해 시수의 도움을 얻자.

회복탄력성 훈련하기

더 큰 회복탄력성을 갖추려면 훈련이 필요한데, 여기에 관심이 많은 이들을 위해 관련 강의를 개설한 단체들이 있다. 집에서 혼자 쉽게 회복탄력성을 훈련하려면 마음 챙김과 명상 수련을 해 보자. 훈련을 통해 여러분의 뇌는 휴식을 취하고, 흥분을 가라앉히며, 스트레스를 받을 때에도 더욱 명료하게 생각할 수 있게 된다.

긴장을 푸는 시간 가지기

시수 때문에 번아웃이 되는 상황을 피하려면 일과에 긴장을 푸는 시간을 집어넣는 편이 좋다. 핀란드 사람들은 하나의 의식처럼 사우나를 하는데, 만약 동네에 사우나 시설이 없다면 최선을 다해 집에 있는 욕실을 꾸며 볼 수도 있다. 뜨거운 물을 틀어 놓고, 촛불을 켜고, 긴장을 풀어 주는 목욕 소금을 풀자. 그리고 책 한 권을 골라서 욕조에 몸을 담그자.

자기 자신을 믿기

조금 진부하긴 하지만 맞는 말이다. 무엇보다 중요한 것은 용기를 가지고, 스스로를 신뢰하고, 자신의 능력을 믿는 것이다. 자신감을 가지고 용감해지자. 이미 여러분은 시수를 잔뜩 품고 있을 것이다. 다만 이제껏 깨닫지 못했을 뿐.

카챠 판차르와의 인터뷰

헬싱키에서 활동하는 작가로,《시수를 찾아서Finding Sisu》를 썼다.

Q. 본인에게 시수는 어떤 의미인가요? 시수를 아예 모르는 사람에게 어떻게 설명하시겠어요?

시수는 특히나 커다란 도전에 맞서야 할 때 필요한 불굴의 용기와 회복탄력성이라는 특성을 의미하는 핀란드어예요. 극복이 불가능해 보이는 인생의 장애물이라도 무작정 덤빈다는 의미를 지녔지요. 또한 충분한 시수는 얼음물 입수나 겨울 수영처럼 대담한 활동을 시도할 수 있게 도와줌으로써 여러분의 행복을 북돋아 줄 수 있답니다.

Q. 그동안 살면서 시수를 발휘해 본 경험이 있으신가요?

매일같이 발트해에서 수영을 하는 것은 제가 일상에서 시수를 실천하는 방법 가운데 하나예요. 사실 지금도 막 바다에 몸을 담그고

돌아왔답니다. 봄이면 수온이 10도 정도 되죠. 처음으로 얼음물 수영이나 겨울 수영을 경험한 많은 사람들이 뜻밖에 놀라는 점은 물에 들어간 뒤 느끼는 황홀감이에요. 수영을 하는 사람들은 기운이 솟고 활기가 넘친다는 것을 느끼는데, 차가운 물에 몸을 담그면 소위 행복 호르몬이 솟기 때문이에요. 천연 진통제인 엔도르핀과, 기분을 안정적으로 유지시켜 주는 세로토닌, 도파민(뇌의 보상과 쾌락중추를 조절하며 움직임과 정서적 반응을 통제하는 신경전달물질), 그리고 '사랑의 호르몬'으로도 알려진 옥시토신 등이 여기에 속해요.

연구에 따르면 차가운 물은 혈액 순환을 돕고, 칼로리를 태우고, 또 면역 체계를 강화시켜 주기도 해요. 얼음 수영 마니아들은 차가운 물에 들어갔다가, 그다음으로 전형적인 핀란드식 한증탕인 사우나를 합니다. 사우나를 하는 사람들은 수영복을 벗은 채 사우나에 앉아 있는데(남녀 사우나가 분리되어 있답니다), 이것도 시수를 아직 경험해 보지 못한 사람에게는 약간의 불편함 속에서 편안함을 얻는 또다른 시험이 되겠죠.

Q. 시수에 관한 책을 쓸 때 어디에서 영감을 얻으셨나요?

저는 사람들이 행복하게 잘 살 수 있게 도와주는 과정에서 여러 가지 시수, 혹은 일상 속 불굴의 의지가 담긴 여러 사례를 보았어요. 그래서 독자들과 함께 그 경험을 나누고 싶었지요. 제 책에서 강조하고 있는 북유럽 생활 양식에서 나온 여러 사례들은 꽤나 단순하고 합리적이어서 우리의 일상생활에 접목해 볼 수 있어요. 자연에서 더 많은 시간을 보낼 수도 있고, 1년 내내 이동수단으로 자전거를 택한 다든지 아니면 자연스러운 삶의 활력소를 찾기 위해 얼음물에서 수영을 시도해 본다든지요.

Q. 누구나 시수를 활용할 수 있다고 보시나요? 아니면 본질적으로 핀란드 사람들만 가능한 것일까요?

당연히 이 세상 누구든 삶에 시수를 끌어들일 수 있다고 생각한답니다.

슬로푸드

이탈리아

●

천천히 만들수록
맛있는 음식

슬로푸드
이탈리아

슬로푸드란?

우리는 패스트푸드에 아주 익숙하다. 가끔은 지나칠 정도로. 하지만 패스트푸드에 반대되는 개념으로 슬로푸드Slow Food가 존재한다는 사실은 모를 수도 있다. 슬로푸드는 우리가 어떻게 먹고 어떻게 음식을 구매하는지 한 걸음 물러서서 검토해 볼 필요가 있다고 주장한다. 또한 현지에서 생산된 음식을 사고, 지속 가능한 식생활을 응원하며, 음식이 주는 단순한 기쁨을 즐기고, 서두르지 않고 먹기를 장려한다. 그리고 가까운 곳에서 만들어진 음식을 천천히 먹는 것은 더 건강한 식생활로 이어진다.

빠르게 흘러가는 인생에서 대다수 사람들은 잠시 앉아 점심을 먹거나 건강하고 영양 넘치는 식사를 준비할 시간을 거의 가지지 못한다. 음식이 어디에서 생산되었고 누가 만들었는지 그 근원에 대해 생각해 볼 시간은 당연히 없다. 보통 음식이 생산된 곳과 우리가 접시 위에서 보는 음식 사이에는 엄청난 단절이 존재한다. '간단히 먹고 치우자'라는 서구식 사고방식은 오랜 근무 시간, 그리고 가족에 헌신하고 집안일을 하느라 정신없는 삶으로 인해 더욱 강화됐다. SNS와 핸드폰 화면에 붙어 있느라 보내는 시간은 말할 것도 없다. 인스턴트 커피, 전자레인지에 돌리기만 하면 되는 간편식, 냉동식품, 대충 샌드위치로 식사를 때우려고 방문하는 동네 카페, 드라이브스루 음식점, 아니면 현관 앞으로 배달되는 음식까지…. 많은 사람들이 음식에 대한 이런 접근법에 익숙해져 버렸고, 오래 일하느라 또는 너무 늦게 퇴근하는 바람에 완전히 지쳐서 시간이 없는 사람들은 필요에 의해 그렇게 해야만 했다. 한편 신선한 재료를 사서 집에서 건강하게 요리하는 것과 비교했을 때 패스트푸드가 훨씬 더 값이 싼 선택으로 보이기에, 결국은 제한적인 예산의 문제로 귀결될 수도 있다.

슬로푸드 운동Slow Food Foundation에 참여해 보자. 이 국제단체는 패스트푸드를 매일 먹는 습관에 도전장을 던진다. 1989년 설립된 이 단체는 '지역의 음식 문화와 전통이 사라지는 것을 막고 빠르게 사는 삶이 득세하는 것에 대응하며, 사람들이 자기가 먹는 음식이 무엇이고, 어디에서 왔으며, 자신의 음식 선택이 세상에 미치는 영향에 점점 무관심해지는 것에 맞서자'는 목표를 가졌다.

슬로푸드 운동은 시작된 이래 꾸준히 성장하고 있고, 이제는 전 세계 160개국에서 10만 명 이상의 회원을 거느리고 있다. 이 사람들은 모두 '훌륭하고 깨끗하며 공정한 음식'이라는 운동의 성명서에 맞쳐 노력한다. '훌륭하고 깨끗하며 공정한 음식'이란 건강한 음식, 풍미가 담긴 음식, 그리고 환경에 해롭지 않게 생산된 음식이자 생산자가 충분히 보상을 받고 대부분의 소비자들이 접근할 수 있는 가격이 매겨진 음식을 의미한다.

슬로푸드는 어디에서 왔을까?

1989년 작가 카를로 페트리니Carlo Petrini와 피에몬테의 브라에서 온 이탈리아 기자들이 슬로푸드 운동을 시작했다. 맥도널드가 이탈리아에서 막 유행하기 시작하자, 이들은 패스트푸드가 확산되면서 이탈리아의 특별한 미식 문화와 역사를 위협할까 봐 걱정했다. 이들의 목표는 지속 가능한 접근법으로 속도와 편리함에 대항하여 지역의 전통과 훌륭한 음식, 기쁨을 지키는 것이었다.

슬로푸드 운동은 슬로푸드의 이점에 대한 의식을 높이기 위해 전 세계적으로 펼쳐지는 수많은 프로젝트에 관여하고 있다. 2004년 페트리니는 브라에서 멀지 않은 폴렌차라는 마을에 요리학교를 세웠고, 피에몬테의 토리노에서 2년마다 음식 축제를 연다. 또한 '미식의 방주Ark of Taste' 프로젝트에서 '잊혀진 식품'이나 없어질

위기에 처한 음식들을 담은 국제적인 카탈로그를 만들기도 한다. 미식의 방주 프로젝트는 사람들이 그 음식들을 원하고 흥미를 가지며, 식품의 생산을 계속 유지할 수 있게 장려하는 데서 시작됐다. 이 카탈로그에 수록되려면 특정 지역에서 문화적으로나 역사적으로 중요성을 지닌 음식이어야 한다.

우리의 건강과 행복에 어떻게 도움이 될까?

지속 가능성을 촉진하고 지역 경제를 돕는다

슬로푸드 철학을 받아들이면 현지에서 생산된 재료를 구입하게 되고, 여기에는 여러 가지 이점이 따라온다. 지역의 농부들과 생산자들을 돕고 지역 경제를 활성화하며, 탄소 배출량과 푸드 마일Food Miles(식재료가 소비자의 식탁에 오르기까지의 이동거리)을 줄일 수도 있다. 지역 공동체를 도움으로써 선행을 베푸는 셈이고, 그렇게 하면 우리의 기분도 좋아지고 전체적인 행복감이 커진다. "토닥토닥, 참 잘했어요!"

더 건강한 식생활로 이어진다

음식이 어디에서 왔고 어떻게 생산됐는지를 배운다는 것은 우

190

리가 가공식품을 선택하는 대신 신선한 과일과 채소로 이루어진 건강한 식사를 하게 된다는 의미다. 또한 더 건강한 음식, 즉 호르몬과 화학물질, 농약 및 보존제와는 거리가 먼 음식을 먹고 싶어진다는 의미다. 또한 제철 음식을 먹도록 장려하기도 하는데, 제철에는 더 품질이 좋고 영양가 넘치는 식재료를 얻을 수 있다.

환경을 돕는다

슬로푸드 풍조를 좇기로 결심할 때, 우리는 자기 자신뿐 아니라 환경도 도울 수 있다. 슬로푸드는 식자재가 배를 타고 전 세계를 돌아다니는 거리를 줄여서 푸드 마일과 탄소 배출량을 줄이는 데에 도움이 된다. 또한 음식 낭비를 줄이면서 폐기해야 하는 플라스틱 포장재도 줄일 수 있다는 의미다. 오직 필요한 만큼만 사게 될 테니까.

몸의 건강을 개선해 준다

슬로푸드 접근법을 택한다면 식사를 서두르지 않고 대신에 맛을 음미하며 느긋하게 먹기 위해 시간을 들이는 법을 배우게 된다. 또한 음식을 천천히 먹으면 언제 배가 부르고 언제 식사를 멈춰야 하는지 알 수 있기 때문에 건강한 몸무게를 유지하는 데에도 도움이 된다. 느긋해지는 것은 스트레스 수준을 낮추는 데에 도움이 되고, 우리에게 현재에 충실할 수 있는 기회를 안겨 준다.

간단한 이야기다. 동네 농산물 직판장에서 신선한 재료를 산다면 대형 마트에서 판매되는 제품보다 더 맛이 좋을 수밖에 없다는 것은 누구나 아는 사실이다. 맛을 볼 필요도 없다. 밝은 빨강의 통통한 토마토며 집에서 기른 반질반질한 호박, 아니면 푸릇푸릇한 잎이 우거진 케일 한 다발을 보기만 해도 알 수 있는 일이다.

이탈리아 어디에서 슬로푸드를 만날 수 있을까?

당연히 가장 처음 방문해 봐야 할 곳은 슬로푸드 운동의 고향인 피에몬테 지역이다. 이곳에서는 포도밭을 돌아다니고 숲속에서 송로버섯을 찾아다니며, 가족이 운영하는 식료품점과 명장名匠이 음식을 만들어 파는 상점에서 쇼핑을 할 수 있다. 또한 젤라토 아이스크림과 달콤한 냄새를 풍기는 초콜릿을 음미하는 것도 좋겠다.

피에몬테(Piedmont)

잘 골라 놓은 현지의 고급 식재료가 궁금하다면 시간을 내어 2년마다 열리는 슬로푸드 박람회인 테라 마드레 살로네 델 구스토Terra Madre Salone del Gusto를 방문해 보자. 이 박람회는 10월에 토리노에서 5일 동안 열리는데, 생산자들과 대화를 나누고 제품을 시식하며 여러 워크숍에 참석할 수 있는 기회가 된다.

링고토에 있는 상점 이탈리Eataly에서는 충격적일 정도로 잘 만든 음식과 술을 잔뜩 사들일 수 있다. 공장을 개조한 이 슬로푸드 상점에서는 갓 구워낸 빵과 유혹적인 피에몬테산 소고기, 거대한 치즈 덩어리와 홈메이드 파스타 등을 만나볼 수 있다.

또 다른 환상적인 쇼핑 장소로는 토리노에서 가족이 운영하는 라테리아 베라 Latteria Bera가 있다. 1950년 후반에 문을 연 이 고풍스러운 가게의 창 너머로 입에 침이 잔뜩 고이게 만들 치즈와 와인, 초콜릿, 비스코티와 올리브 오일이 우리를 유혹한다.

사르데냐(Sardinia)

진정한 슬로푸드를 경험하고 싶다면, 사르데냐가 적격이다. 유기농 식료품점을 찾아다니고, 방금 잡아 올린 해산물을 마음껏 먹고, 살라미와 통통한 올리브, 꿀, 치즈와 아티초크를 구입하기 위해 섬 이곳저곳에 있는 농장을 돌아다녀 보자.

토스카나(Tuscany)

비옥한 토스카나 지방은 미식의 핫플레이스로, 미식가라면 이탈리아를 여행할 때 반드시 들려야만 하는 고정 여행지다. 이 지역은 지역의 제철 재료에 방점을 둔 훌륭한 음식과 술을 중심으로 돌아간다.

포지타노(Positano)

슬로푸드 운동은 슬로 시티Slow City 운동을 일으켰고, 포지타노는 이탈리아가 슬로 시티 자격을 인정한 마을 가운데 하나다. 슬로 시티로 자격을 얻기 위해서는 주민 수를 5만 명 이하로 유지하고, 패스트푸드점이 없어야 하며, 유전자 변형 농산물GMO의 사용을 금지해야 한다. 또한 현지의 재료로 만든 전통 음식을 파는 레스토랑을 보유해야만 한다.

일상 속에서 슬로푸드를 실천하는 법

　전 세계적으로 수백만 명의 지지자들이 슬로푸드 운동에 참여하고 있지만, 그만큼 비판하는 사람들도 많다. 슬로푸드를 비판하는 의견 가운데 하나는 너무 엘리트주의적이며 슬로푸드를 향유할 수 있을 만큼 충분한 수입이 있는 사람만 접근할 수 있다는 것이다. 이 의견은 어느 정도 맞는 이야기다. 누구나 유기농 제품이나 고기를 살 수 있는 것은 아니기 때문이다. 그러나 슬로푸드 마음가짐을 받아들이는 것이 꼭 유기농을 고집해야 한다는 의미는 아니다. 여러분이 감당 가능한 한도 내에서 할 수 있는 일을 한다는 의미다.

　여러분의 예산이 유기농 음식을 살 수 있을 정도가 아니라면 대형마트 대신 동네 농산물 직판장이나 식료품점을 이용하고, 꼭 필요한 것만 사는 습관을 들이도록 하자. 지역의 독립적인 농산물 시장과 식료품점은 현지에서 기른 농산물을 슈퍼마켓과 비슷한 가격으로 판매하는 경향이 있다. 혹은 직접 식재료를 길러볼 수도 있다(다음 페이지 참고). 그리고 음식을 낭비하지 않는다면 음식을 버리면서 돈도 같이 버리는 일은 없을 것이다.

현지에서 구입하기

　가능하다면 농산물 직판장이나 지역의 농산물 가게에서 구입하자. 질문하는 것을 두려워하지 말자. "이 상품은 어디에서 왔나요?", "농부와 공급 업체 간의 관계는 어떻게 되나요?", "지속 가능하고 윤리적으로 기른 상품인가요?" 무슨 상품이 제철인지도 알아 보자. 제철 상품은 당연히 더욱 신선하고 저렴하며, 수입해 왔거나 오랫동안 저장해 두지 않았을 테니까 말이다.

아침 식사를 즐기기

아침 식사를 천천히 즐기며 하루를 시작하자. 아침을 거르거나 서둘러 먹지 말자. 뮤즐리와 토스트, 계란, 커피와 주스로 식탁을 차리자. 라디오를 켜거나 테라스에 앉고, 전화기는 멀찍이 내려놓자. 음식을 맛보는 데에 집중하고, 음식 안에 무엇이 들었는지 생각한 뒤 한껏 음미하자.

직접 길러 보기

여러분만의 정원을 만들어 채소와 허브를 길러 보자. 크게 일을 벌일 필요는 없다. 발코니에 놓은 화분에서도 감자나 토마토 같은 채소나 허브를 쉽게 키울 수 있으니까. 어떻게 시작해야 할지 모르겠다면 근처 원예용품점에 찾아가 조언을 얻거나, 동네 산책을 나가서 이 지역에서는 어떤 작물이 잘 자라는지 알아보자. 적당한 비율로 화분 흙을 구성하거나 정원의 화단을 만들려면 표토와 비료, 부엽토와 지푸라기가 잘 섞여 있어야 한다는 사실을 잊지 말자. 이처럼 직접 화단을 일굴 수도 있고, 아니면 땅을 고르느라 내내 허리를 굽힐 필요 없이 미리 만들어진 화단을 구입할 수도 있다. 대부분의 채소들이 무성히 잘 자라기 위해서는 적어도 여섯 시간 동안 햇빛을 양껏 받을 수 있는 장소를 골라 텃밭을 만드는 게 중요하다. 공간이 있다면 과일나무를 심고 싶을 수도 있다. 만약 아파트에 사는 사람이라면 화분에 허브를 키워 보자.

자기 자신을 위해 요리하기

패스트푸드에 익숙한 사람이라면 한 주 동안 모든 식사를 직접 요리하겠다는 목표를 세워 보자. 처박아 두었던 요리책을 꺼내거나 인터넷에서 요리법을 찾아보고 시작하면 된다. 또는 친구나 가족에게 방법을 알려달라고 부탁해도 좋다. 원래 요리를 할 줄 아는 사람이면 아예 처음부터 혼자만의 파스타나 빵을 만들어보는 등 새로운 방법을 시도해 보자. 기초적인 요리를 배우거나 특별한 요리를 만들기 위해 동네에서 요리 수업을 들어봐도 좋다. 재료가 어디에서 만들어졌는지 보고 현지에서 생산된 것으로 사기 위해 원산지 표시를 살펴보자.

현지의 음식을 먹기

외식을 할 때는 가능하다면 대형 프랜차이즈 음식점이나 패스트푸드점 대신 현지 식당을 선택하자. 서빙하는 직원들에게 식재료가 어디에서 공급되는지 물어볼 수도 있다. 그러면 지역의 공급 업체들에 대해 배울 수 있고, 이 지역에서는 무슨 작물이 자라는지 알 수 있다.

태극권

중 국

•

학과 뱀의 싸움이
남긴 유산

태극권
중국

태극권이란?

태극권Tai Chi 또는 중국어로 타이지췐太極拳은 무술의 일종이지만 우리가 보통 머릿속에 떠올리는 이미지와는 전혀 다르다. 태극권은 느리고 리드미컬한 움직임에 따라 격렬하게 발차기를 하고 주먹을 내지르고 몸을 부딪친다. 이는 여전히 자기방어를 위한 수련법이면서도 무술와 명상, 고대 중국 의학의 측면들을 결합해서 몸과 마음을 수련하는 방식에 가까워졌다. 태극권은 느리고 신중한 동작으로 기(에너지)를 모으는 데에 초점을 맞추며, 가끔은 가라테나 쿵후보다 요가에 가까운 것으로 본다. 태극권은 중국의 오랜 신념 체계인 도가 사상(204페이지 참고)과 긴밀하게 연결되어 있고, 가장 기본적으로는 음과 양의 조화로운 상태를 달성하는 것을 목표로 삼는다.

태극권은 거의 모든 나이대의 사람들이 안전하고 가볍게 할 수 있기 때문에 훌륭한 운동이 되며, 중국 노인들 사이에서 인기가 높은 운동이기도 하다. 태극권에는 다양한 종류가 있지만 모두 느리고 부드러우며 우아한 무용수 같은 동작을 사용하고, 마치 춤처럼 순서에 따라 한 동작에서 다음 동작으로 부드럽게 넘어간다. 따라서 신체적인 운동을 하려는 것이든, 몸과 마음의 긴장을 풀려는 것이든, 무술을 배우거나 숨쉬기 기술을 갈고 닦으려는 것이든 간에 태극권은 전천후 운동이 된다.

태극권의 주요 문파에는 진陳식, 양楊식, 무武식, 손孫식이 있다.

진(陳)식

진식은 가장 오래된 태극권 문파로, 다른 문파들은 모두 진식에서 파생됐다. 진식은 17세기 명 왕조의 퇴역장군인 첸왕팅陳王廷이 만들었는데, 첸 장군은 첸지아거우에서 선대로부터 대대로 전해져 오던 싸움의 기술에서 이를 개발해 냈다. 진식 태극권에서는 느리고 신중한 움직임과 그보다 빠르고 강력한 타격이 번갈아 쓰이며, 따라서 전형적인 무술과 좀 더 비슷하다. 격렬한 유산소 운동이면서 신체적으로 부담이 크다.

양(楊)식

19세기 초반 중국 후베이 지방에서 양루찬楊露禪이 개발했으며 진식에서 발전한 문파다. 양식은 가장 인기 있는 태극권이자 전 세계적으로 가장 널리 수련되는 태극권이기도 하다. 가장 간단하게는 24가지 동작이 들어가고, 모두 합치면 108가지까지 늘어난다. 아주 오랫동안 무릎을 굽힌 채 다리를 벌린 자세를 유지해야 하기 때문에 신체적으로 상당히 힘들다. 이 태극권은 크고 과장된 동작으로 유연성을 높여 주며, 부드럽게 흘러가는 순서는 거의 누구나 수련할 수 있어서 완벽하다.

무(武)식

무식은 양식 다음으로 인기 있는데, 양식을 창시한 양루찬 밑에서 수련을 받은 우치엔추안吳鑑泉이 만들어 냈다. 무식은 몸을 앞뒤로 기울인다는 점에서 다른 문파들이 몸의 중심을 잡고 꼿꼿하게 서서 몸을 늘이는 자세를 강조하는 것과는 차이가 있으며, 더 웅크린 자세에서 수련한다.

손(孫)식

또 다른 중국무술인 형의권과 팔괘장의 전문가인 순루탕孫祿堂이 20세기 초반에 만들어낸 문파로, 태극권의 주요 문파 가운데 가장 신식이다. 손식은 짧고 간결한 움직임과 벌렸다 오므리는 손동작, 그리고 더 높고 꼿꼿한 자세를 취한다. 동작이 자연스럽고 부드러우며 간단하기 때문에 초심자나 나이 많은 사람, 그리고 강도 낮은 운동을 원하는 사람에게 이상적이다. 또한 물리 치료와 회복을 돕는 훌륭한 선택이다.

태극권은 어디에서 왔을까?

　정확한 유래는 딱히 알려져 있지 않지만, 태극권의 효시라고 주장하는 전설들은 여럿 존재한다. 일부 역사가들은 첸지아거우가 태극권이 탄생한 곳이라고 믿기도 한다. 널리 알려진 설화에 따르면 전설적인 도교의 수도승인 장산펑張三丰이 처음으로 태극권을 만들어 낸 사람이라고 한다. 장산펑은 좀 더 부드러운 형식의 무술을 찾아 헤매다가 어느 날 학과 뱀의 살벌한 싸움을 목격하게 됐다. 뱀은 커다란 학의 공격을 피하기 위해 부드럽게 흘러가듯 움직였고, 결국 학은 지칠 대로 지쳐서 날아가 버렸다. 장산펑은 여기서 곧 영감을 얻어 태극권 동작의 순서를 개발해 냈다고 한다.

　태극권은 2000년 역사를 가진 도교와도 깊은 관계가 있다. 도교는 서로 상반되는 음과 양 사이에서 균형을 잡는 것을 중시하고, 도교 신자들은 반대되는 힘 사이의 밀고 당기기가 우주에서와 똑같이 우리 몸 안에서도 벌어지므로 반드시 조화를 이뤄내기 위해 노력해야 한다고 믿는다. 태극권은 에너지가 전신으로 흐르게 만들어서 몸 안의 막힌 부위를 풀고 음양의 조화를 맞추는 것을 목적으로 한다.

우리의 건강과 행복에 어떻게 도움이 될까?

태극권이 건강에 미치는 영향에 대해서는 모순적인 연구 결과도 많으며, 과학적이고 의학적인 의견들도 다양하다. 태극권의 지지자들은 이 수련법이 건강과 행복에 다양한 영향을 미친다고 믿는다. 예를 들어, 노화를 늦춰주고 근육을 튼튼하게 만들어 주는 것부터, 넘어질 위험을 줄여 주고 면역 체계를 강화시켜 주는 것 등이다.

균형과 힘을 키워준다

태극권은 신체적 부담이 적고, 보통 느리게 움직이는 운동임에도 몸은 계속 동작을 취하는 중이므로 이 움직임이 팔다리 근육과 코어 근육을 강화시켜주는 결과를 낳을 수 있다. 따라서 균형을 찾으면서도 관절을 보호하는 데에 도움이 될 수 있다.

면역 체계를 강화한다

2003년 UCLA에서 학자들이 실시한 연구에 따르면 신체의 움직임과 명상의 기술이 결합될 때 면역 체계를 강화하는 데에 도움이 된다고 한다. 태극권은 신경계를 안정시키는 것으로 알려져 있는데, 불안정한 신경계는 면역 체계가 튼튼해지지 못하게 방해할 수 있다. 면역 체계를 강화하면 질병에 걸릴 가능성은 낮아지고, 몸에 염증이 생겨 벌어지는 문제도 줄어든다.

낙상 사고를 줄여 준다

태극권은 균형 감각과 근력에 도움이 되기 때문에 특히나 노인들의 경우에 넘어져도 크게 다치지 않도록 도와준다.

마음을 차분하게 해 준다

호흡법과 느리고 부드러운 움직임을 활용해 마음을 차분하게 진정시키고 불안과 스트레스 또는 우울증 등의 증상을 없애 준다.

심혈관계를 튼튼하게 해 준다

태극권을 하면 몸이 계속 움직이기 때문에 혈류량이 늘어나고, 심호흡을 통해 몸으로 들어오는 산소량도 커지므로 심혈관계에 도움이 된다. 이는 건강을 유지하고 면역 체계를 강화하는데에 중요한 문제다.

중국 어디에서 태극권을 만날 수 있을까?

태극권은 중국에서 수천 년 동안 이어져 온 수련법이고, 중국을 방문하면 여러 도시의 공원과 공공장소에서 사람들이 함께 모여 태극권을 수련하는 모습을 볼 수 있다. 보통은 아침 일찍 수련한다.

우당산(武當山)

중국 후베이 지방에 자리한 이 산은 많은 사람들이 태극권의 탄생지라고 추측하고 있으며, 따라서 우리가 손이나 팔, 다리를 한번 휘둘러 보기에 딱 알맞은 장소다. 우당 도교 전통 쿵후 도장은 태극권을 수련하기에 최고의 학교다. 여실짜리 단기 코스를 선택할 수도 있고, 태극권에 진심이라면 1년짜리 코스도 들을 수 있다!

:: 참고 사이트: wudangwushu.com

베이징 천단공원(天壇公園)

넓이가 2.67제곱킬로미터(약 80만 평)에 달하는 이 공원은 한때 도시에서 가장 중요했던 사원을 품고 있다. 천단공원은 1918년부터 민간에 공개됐지만, 그전까지는 황제가 사적으로 사용하던 장소다. 오늘날 이곳에서는 여러 현지 주민들이 태극권을 수련하는 모습을 볼 수 있다. 용기가 있다면 한번 이 모임에 끼어 보자.

상하이 와이탄(外灘)

와이탄은 웅장한 아르 데코 양식의 빌딩들이 들어선 상하이의 강변 산책로다. 이른 아침, 강 위를 다니는 배들과 강 건너 푸동 지역에 우뚝 선 복고풍 동방명주 TV 송신탑이 자리한 배경이 태극권 동작을 연습하라며 현지인들을 유혹한다.

일상 속에서 태극권을 실천하는 법

가장 먼저 생각해 봐야 할 점은 어떤 문파가 자신에게 어울릴 것인지다. 양식과 무식은 쉽게 배울 수 있는 만큼 초심자에게 적합하다. 만약 회복이나 치료에 도움이 되는 수련법을 원한다면, 양식이나 손식을 배워 보자. 양식과 손식은 똑바로 곧추서는 자세를 써서 관절에 큰 무리를 주지 않는다. 좀 더 빠른 속도의 유산소 운동을 하고 싶다면 진식을 추천한다.

태극권은 중국에서 유래했지만 세계적으로 인기를 얻고 있으며, 많은 도시에서 그다지 어렵지 않게 수련관을 찾을 수 있다. 여러분이 사는 지역에서 태극권 강의를 개설한 도장을 찾아보자. 안타깝게도 근처에서 찾지 못했다면 온라인으로 눈을 돌려 기본동작을 익혀 보는 것도 좋다. 물론 초심자의 경우에는 사범師範이 지도하는 수업을 먼저 듣기를 권한다.

일단 기본 동작을 익힌 다음에는 어디서든 마음이 편안한 장소에서 혼자 쉽게 연습할 수 있을 것이다. 동네 공원에서 사람들의 관심을 한 몸에 받을 준비가 아직 되지 않았다면, 공원 대신 뒷마당에서 몇 가지 동작을 연습해 보자. 아파트에 산다면 발코니에서 이웃들에게 즐거움을 선사하는 건 어떨까? 딱히 관심을 끌고 싶지 않다면 그냥 실내에서 연습할 수도 있다. 넓은 공간이 필요하지도 않고, 장비가 필요한 것도 아니다. 자기 나름의 속도로 움직이며 부드럽고 조용한 동작을 즐겨 보자.

우분투

남아프리카

•

차별이 없는 세상으로
가는 법

우분투

남 아 프 리 카

우분투란?

　"당신 덕에 내가 있다." 이것이 일체감과 유대감, 인간애를 의미하는 아프리카의 인도주의적인 철학 '우분투Ubuntu'의 본질이다. 우분투는 남아프리카 공화국이나 남부 아프리카 지역에만 특별히 존재하는 철학이 아니다. 몇 년에 걸쳐 이 철학은 아프리카 대륙 전체로 넓게 퍼져 나갔다. 본질적으로 우분투에는 인간적인 정과 공동체의 중요성, 허심탄회한 솔직함, 그리고 서로에 대한 보살핌이 담겼다. 중요한 것은 사람이 혼자 고립된 채로는 존재할 수 없음을 깨닫고, 우리는 모두 더 큰 존재의 일부이며 그것이 인간의 전부임을 알아차리는 것이다. 우리 모두는 이 세상에서 중요한 역할을 맡고 있다. 그 역할은 단순히 자기 자신뿐 아니라 주변의 모든 사람들을 위해 이 세상을 더 살기 좋은 곳으로 만들기 위해 해야 하는 일이다.

우분투는 1990년대 반反 아파르트헤이트 운동의 근원이 되고, 넬슨 만델라와 데즈먼드 투투Desmond Tutu 대주교가 말과 글을 통해 정치 철학으로 삼으면서 전 세계적으로 점점 더 알려지기 시작했다. 우분투는 사람과 정당 사이에 이견이 없어야 한다며 외면해 버리는 것이 아니다. 차이를 인정하고, 이것이 조화를 이루어 나가기 위한 초석이 된다고 본다.

노벨 평화상 수상자이자 반 아파르트헤이트 운동의 지도자였던 데즈먼드 투투 대주교는 서구세계에 우분투를 소개했다. 투투 대주교는 남아프리카공화국의 진실화해위원회Truth and Reconciliation Commission의 위원장이 되어 달라는 요청을 받자, 우분투의 개념을 제시했다. 남아프리카 공화국은 하나가 되는 과정에서 아파르트헤이트의 역사를 청산하고, 분열된 국가로부터 발전해 나갈 수 있었다.

그 어느 때보다도 지금 우분투는 인류애와 지구를 지키는 데에 꼭 필요하며, 우리는 개인주의적인 관점에서 벗어나 일상생활 속에서 공동체 정신을 되찾아야만 한다. 그러기 위해서는 우리 모두가 서로를, 모든 살아 있는 생명체를, 그리고 지구 자체를 바라보는 방식을 대대적으로 바꿔야만 한다.

넬슨 만델라는 우분투로부터 깊은 영감을 받아 평생 탄압에 맞서며 업적을 이뤘다. 만델라는 이념의 완벽한 본보기였고, 조국의 평등과 정의, 자유를 위해 자기 목숨을 포기할 준비가 된 사나이였다. 만델라는 2013년 세상을 떠났고, 전 미국 대통령 버락 오바마는 다음과 같이 추모사를 했다.

"만델라 대통령은 인간의 정신을 결속시켜 주는 유대감을 잘 알고 있었습니다. 남아프리카에는 '우분투'라는 말이 있습니다. 이 말은 넬슨 만델라가 남기고 간 가장 위대한 선물을 잘 설명합니다. 바로 우리 모두가 눈에 보이지 않는 방식으로 함께 묶여 있다는 깨달음입니다. 또한 인류는 하나라는 깨달음이자, 우리가 다른 사람들과 함께 나누고 주변 사람들을 배려할 때 목표를 이룰 수 있다는 깨달음입니다."

우분투는 몹시 영향력 있는 개념이자 전 세계에 이로움을 안겨줄 수 있는 개념이다. 우리 모두가 조금 더 우분투 철학에 따라 인생을 살아간다면 중대한 변화가 일어날 것임은 확실하다.

우분투는 어디에서 왔을까?

어떤 역사가들은 우분투라는 말이 1846년 이후 문헌에 등장하기 시작했다고 주장한다. 우분투라는 말과 개념의 기원은 주로 짐바브웨와 남아프리카, 에스와티니(옛 스와질란드) 등 남아프리카에서 살면서 반투어를 사용하는 민족인 응구니족으로 거슬러 올라간다. 우분투는 줄루어와 코사어가 주류를 이루는 응구니어군에서 유래했다고 한다. 짐바브웨에서 쓰는 쇼나어로는 '운후Unhu'라고 하며, 우간다와 탄자니아에서는 '오분투Obuntu'라고 한다. 쓰임새는 미묘하게 다르지만 그 개념은 상당히 닮아 있다.

응구니어에는 '우문투 응구문투 응가반투Umuntu Ngumuntu Ngabantu' 란 속담이 있다. 대강 '사람은 다른 사람을 통해 사람이 된다'라고 번역할 수 있다. 이 속담은 우분투를 설명할 때 가끔 등장하기도 한다.

우리의 건강과 행복에 어떻게 도움이 될까?

우분투는 인류애의 핵심이자 우리가 서로를 대하는 방법을 의미한다. 따라서 하나의 철학으로서 우분투를 추구하는 사회가 얻을 수 있는 이익은 꽤나 분명하다. 모든 사람들이 자기 자신만 위하는 개인주의적인 관점을 택한다면, 인간에게 중요한 것이 무엇인지 그 핵심을 놓치게 된다. 우분투 없이 우리는 이기적이고 탐욕스럽게 행동하며, 함께 살아가는 다른 사람들에게 무례하게 굴 수밖에 없다. 그럼에도 우리가 우분투를 실천할 때 진정으로 다른 사람들과 연결되고, 품위와 조화, 이해를 가지고 공동체를 이루며 살아갈 수 있다. 모든 사람은 자신이 인정받고 보살핌 받는 존재이자 중요하고 존중받는 존재라고 느끼길 원한다. 우분투는 우리 모두가 그렇게 살아갈 수 있도록 도와준다.

우분투의 영향력은 멀리까지 미칠 수 있다. 가족과 이웃, 공동체에서 시작해 세계 곳곳으로 뻗어 나가는 파급 효과를 발휘할 수 있다. 우분투는 선행을 나누는 행위이며, 이 친절한 행위는 다른 사람과 또 다른 사람에게 영감을 안겨 준다. 우분투를 자기 자신만을 위해 추구하지는 않지만, 우분투에 따라 행동할 때 더욱 친절하고 사려 깊은 사람으로 성장할 수 있다. 우분투는 우리 모두가 연결되어 있고, 그 누구도 고립된 채 살 수 없으며, 그 누구도 뒤에 남겨져서는 안 된다는 의미다. 우분투에는 다른 사람을 평가하거나, 차별하거나, 증오할 여지가 전혀 없다. 사람들은 공동의 목표를 향해 함께 노력하며, 모든 사람이 모든 사람을 돕는다.

우분투는 단순히 사회에만 큰 도움을 주는 것뿐 아니라, 우리의 근무 환경에도 적용될 수 있다. 우분투의 철학에 따라 산다면 더 행복하고 좀 더 조화로운 일터를 만들어갈 수 있으며, 사람들에게 힘을 실어주고 더 뛰어난 지도자를 탄생시킬 수도 있다. 우리가 더 많은 자비와 연민을 가지고 행동하고, 서로를 응원하며, 조직원 모두가 하나여야 한다는 사실을 깨달을 때 좀 더 효율적이고 효과적인 조직으로 발전할 수 있다.

일상 속에서 우분투를 실천하는 법

우리는 우리의 행동, 그리고 주변 사람들과 상호 작용하는 방식에서 모두 우분투를 실천할 수 있다. 다음과 같은 질문을 스스로에게 던져 보자.

"내 행동이 내게만 이득이 되는가, 아니면 주변 사람들에게도 이득이 되는가?"

"내게 무엇이 중요하고, 어떤 것이 나의 가치이며,
어떻게 그 가치를 더 큰 공동체와 전 세계에
맞춰 조화를 이루게 할 수 있는가?"

모두 중요한 질문이자 생각해 봐야 할 요소다.
그리고 여러분이 당장 그 답을 내놓을 수 없을지라도,
자기 성찰을 시작하고 삶과 소통에 좀 더 전인적으로
접근할 수 있는 훌륭한 출발점이 될 것이다.

일상에서 우분투를 발휘하는 사람이 되려고 한다면, 그런 사람은 어떤 모습인지 스스로에게 묻자. 어떤 변화가 필요할까? 일상에서 친절함을 베풀기 위해 간단히 할 수 있는 행동은 무엇일까?

우분투를 표현하기 위해 거창하게 행동할 필요는 없으며, 자기 모습을 완전히 바꾸거나 봉사를 하려고 직장을 그만둘 필요도 없다. 이웃집 사람의 쇼핑을 도와주거나 누군가를 차에 태워 주거나, 아니면 친구가 자신의 고민을 털어놓을 때 그저 귀를 기울이고 걱정하고 이해해 주는 것 같은 간단한 행동으로도 우분투를 실천할 수 있다. 또는 지역 주민센터에서 자원봉사를 하거나 비영리 단체에서 일하는 것처럼 더 범위가 큰 행동을 해 보는 것도 방법이다. 우리가 공동체에 베풀 때, 공동체도 우리에게 보답할 것이다.

우분투와 우분투에 따라 살아가는 법을 생각할 때, 우분투를 발휘하는 사람이 가질 만한 몇 가지 특성을 떠올려 보는 것도 도움이 될 것이다.

◇ 공감

◇ 자비

◇ 관대함

◇ 취약성

◇ 열린 마음

◇ 친절함

한 사회에서 서로가 서로를 돌보는 일은 인류의 성공에서 결정적인 역할을 한다. 우리는 모두 미래를 향해 나아가는 과정에서 아프리카의 우분투 철학을 배우고 실천해야만 한다.

요가

인도

·

5000년 동안
사랑받아 온 운동

요가
인도

요가란?

요가는 우리에게 친숙하다. 끝도 없는 건강 효과에 현혹되어 한동안은 '엎드린 개 자세'를 완벽하게 취하느라 끙끙댄 사람도 있을 것이다. 요가는 건강과 웰빙 분야에서 전 세계적으로 엄청나게 유행해 왔으며 다양한 개념과 형식이 존재한다. 그런데, 실제 요가의 본질은 무엇일까?

고대 인도철학에 뿌리를 둔 요가는 신체적인 자세와 움직임을 뜻하는 '아사나Asana', 숨쉬기 기술인 '프라나야마Pranayama', 그리고 명상 '디아나dyana'를 조합해 몸과 마음을 수련하는 것이다. 본질적으로 요가는 자아실현의 체계다. 그러나 근래 들어 웰니스 분야는 다양한 방식으로 요가를 하고, 고치고, 바꾸고 또 상품화했다. 그리하여 요가는 이제 사람마다 다른 의미를 지니게 됐다.

전통적인 요가 또는 하타 요가Hatha Yoga가 가장 많이 알려져 있지만 이 세상에는 정말 다양한 종류의 요가가 많다. 그중에서 가장 인기가 많고 유명한 유형의 요가를 소개한다.

하타 요가(Hatha)

하타 요가는 아사나(자세 또는 태도)의 순서에 따라 몸을 움직이는 모든 유형의 요가를 가리키는 것으로, 움직임이 없는 전통적인 영적 요가 수련법과는 다르다. 조심스럽고 느린 유형의 요가로서 기본적인 아사나와 명상, 호흡법 등을 포함하기 때문에 초심자에게 알맞다.

아쉬탕가(Ashtanga)

아쉬탕가는 몸의 열을 더 많이 만들어 내는 역동적인 유형의 요가다. 매우 체계적이어서, 한 자세를 완전히 익힌 후에야 다음 단계로 넘어가는 특별한 순서를 따른다. 따라서 수련생들의 실력이 발전할수록 점점 더 힘이 많이 들고 격렬해진다. 아쉬탕가는 전통적인 수련법에 기반을 두었고, 1948년 인도 마이소르에 아쉬탕가 요가 연구소를 세운 인도인 요가 강사 K. 파타비 조이스K. Pattabhi Jois를 통해 서구에 널리 알려지고 대중화되었다.

빈야사(Vinyasa)

이 요가는 실질적으로 운동이 되고 신체적으로 힘든 요가를 찾는 사람들에게 적당하다. 빈야사 요가는 속도가 빠른 유형의 요가로, 수련생들은 한 동작에서 다른 동작으로 넘어가기 위해서 움직임에 맞춰 호흡을 다스려야 한다.

아헹가(Iyengar)

아헹가는 꼼꼼하고 규율이 매우 엄격한 유형의 요가로, 1960년대 인도 요가의 스승 B.K.S 아헹가B.K.S Iyengar가 개발했다. 아헹가 요가는 자세와 호흡법이 일치하고 정확해야 한다고 강조한다. 한편 동작을 쉽게 하기 위해 목침과 긴 베개, 요가용 밧줄 등 소품도 활용한다.

비크람(Bikram)

화끈한 게 좋은 사람은 비크람 요가가 취향에 딱 맞을 것이다. 땀이 많이 나고… 그래, 솔직히 말하자면 땀 냄새가 코를 찌를 정도다. 이 유형의 요가는 보통 섭씨 35도에서 42도 사이의 뜨거운 방에서 여러 자세를 취하는 것이다. 신체적으로 부담이 되고 힘겨운 운동을 즐기는 사람들에게 인기가 높다.

요가는 어디에서 왔을까?

요가는 5000년 전으로 거슬러 올라가는 고대 인도의 철학이자 영적인 수련으로, 요가라는 말은 '얽매이다', '묶다' 또는 '결합'이라는 의미의 산스크리트어인 '유즈Yuj'에서 나온 것으로 보인다. 어원에 대해 의견이 분분하긴 하지만 보통은 몸과 마음, 호흡 사이의 결합으로 해석된다.

파탄잘리Patanjali는 일반적으로 '아쉬탕가 요가의 아버지'로 불린다. 고전 요가서로서 널리 권위를 인정받는《요가 수트라》를 쓴 덕이다. 이 요가서는 요가수련을 위한 체계를 제공하고, 아쉬탕가와 관련한 여덟 종류의 갈래를 간단하게 설명하고 있으므로, 요가의 철학과 의미 있는 삶을 살 수 있는 법에 대한 지침으로 삼아도 좋다.

1. **야마(Yamas)** : 정직함과 비폭력을 포함한 윤리적이고 도덕적인 행동 강령과 규제

2. **니야마(Niyamas)** : 영적인 의식 혹은 긍정적인 본분. 절이나 교회에 가서 기도하고 명상하는 것

3. **아사나(Asana)** : 자세

4. **프라나야마(Pranayama)** : 호흡법

5. **프라티아하라(Pratyahara)** : 감각의 차단. 외적인 자극으로부터 내면을 웅크리면서 물러나는 것

6. **다라나(Dharana)** : 정신 집중

7. **디야나(Dhyana)** : 명상

8. **사마디(Samadhi)** : 황홀경과 깨우침. 자아실현으로 향하는 여정의 마지막 단계

요가는 건강과 웰니스에서 그 효과가 증명된 거대 산업이 되었다. 지나치게 비싼 수업료를 받는 소규모 요가 교실과 디자이너가 만든 요가복, 그리고 반드시 사야 한다고 광고하는 호사스러운 요가매트 등이 등장하면서 요가의 뿌리는 사라져 버린 것 같기도 하다. 하지만 요가는 고대 인도의 전통에 강하게 뿌리내리고 있는 영적인 철학이라는 사실을 잊지 말자. 요가의 핵심은 자기 자신에게로 돌아오는 것, 그리고 순수한 삶을 사는 것이다. 요가 수련에 참여한다면 다행스럽게도 여러 가지 건강과 웰빙상의 이점을 누릴 수 있을 것이다.

우리의 건강과 행복에 어떻게 도움이 될까?

몸과 마음에 요가가 미치는 긍정적인 효과를 다루는 연구는 수도 없이 많다. 또한 지금까지 보고된 건강과 웰빙 상의 이점 역시 매우 다양하고 광범위하다.

◇ 유연성과 근력, 탄력을 키워 준다.

◇ 체중 감량을 도와준다.

◇ 심혈관계 건강에 도움을 준다.

◇ 혈류량을 늘려 준다.

◇ 면역력을 높여 준다.

◇ 혈압을 낮춰 준다.

◇ 기분을 좋게 해 주고, 우울증과 불안감을 떨치게 도와준다.

◇ 긴장을 풀어주고 집중할 수 있게 도와준다.

◇ 신경계를 안정시켜 준다.

◇ 잠을 잘 자게 해 준다.

◇ 위장 문제를 도와준다.

◇ 스트레스 수준을 낮춰 준다.

◇ 염증을 줄여 준다.

◇ 만성적인 통증을 줄이는 데에 도움이 된다.

◇ 생리통을 없애 준다.

호흡과 명상의 기술은 몸을 진정시키는 작용을 하고, 결과적으로 뇌에게 차분해지라는 메시지를 보낸다. 그렇게 해서 교감 신경계가 만들어 내는 몸의 투쟁-도피 반응(스트레스 상황에서 맞서 싸울 것인지 도망갈 것인지를 판단하며 자동적으로 나타나는 생리적인 각성 상태)을 줄이고 통제할 수 있으며, 우리를 진정시키는 부교감 신경 역시 통제할 수 있다.

보스턴대학교 의학대학은 2019년 연구를 실시한 뒤, 온라인 저널인 〈정신 질환 진료저널Journal of Psychiatric Practice〉에 요가가 불안과 우울의 증상을 완화시켜 준다는 증거를 발표했다. 또한 요가를 많이 할수록 개선되는 정도도 더 커지는 것으로 나타났다.

따라서 몸무게를 줄이고 싶거나, 일터에서 집중력과 주목도를 높이고 싶거나, 불안이나 우울증을 완화하고 싶거나, 만성적인 고통을 덜고 싶거나, 아니면 그저 밤에 푹 자고 싶거나… 어떤 이유든 간에 요가를 하는 것이 해결책이 될 수도 있다.

인도 어디에서 요가를 만날 수 있을까?

요가를 경험해 보기에 가장 좋은 곳은 물론 요가의 고향 인도다. 인도 전역에 골고루 퍼져있는 수없이 많은 요가원과 아시람Ashram (힌두교도들이 수행하며 거주하는 곳)에서 왕초보부터 달인까지 모두에게 알맞은 요가 수업을 찾아볼 수 있다.

요가의 두 중심지로는 북부의 리시케시와 남부의 마이소르가 있다. 리시케시는 요가가 탄생한 곳이자 세계적인 요가의 중심지로 꼽힌다. 그리고 마이소르는 아쉬탕가 요가가 시작된 곳이다.

요가원이나 아시람에 등록하기 전에 반드시 조사를 철저히 해야 한다. 요가원마다 가르치는 기준과 형식이 매우 다르기 때문이다. 요가원의 평판과 강사들의 자격도 확인해야 한다. 강사가 어디에서 수련을 받고 경력이 얼마나 되는지, 어떤 유형의 강의를 하는지, 각자의 수준에 맞는 다양한 강의가 개설되는지, 수련의 철학은 무엇이고 진심으로 느껴지는지 혹은 진정성 있게 보이는지 등을 고려하는 것이 좋다.

추천할 만한 요가원과 아시람으로는 다음과 같은 곳들이 있다.

마이소르의 인디아요가(IndeaYoga)

고故 B.K.S. 아헹가에게서 수련을 받은 지도자인 바라트 셰티Bharath Shetty 가 운영하는 곳이다.

:: 참고 사이트: indeayoga.com

리시케시의 아바야라냐 리시케시 요가피트 요가 빌리지

(Abhayaranya Rishikesh Yogpeeth Yoga Village)

:: 참고 사이트: abhayaranya.business.site

리시케시의 아난드 프라카시 요가 아시람

(Anad Prakash Yoga Ashram)

:: 참고 사이트: akhandayoga.com/ashram

마이소르의 스리 K 파타비 조이스 아쉬탕가 요가 샬라

(Shri K Pattabhi Jois Ashtanga Yoga Shala)

유명한 지도자인 K. 파타비 조이스가 설립했다.

:: 참고 사이트: kpjayshala.com

매년 3월 첫째 주, 전 세계 요가의 달인 수천 명이 '국제요가축제International Yoga Festival'에 참석하기 위해 리시케시로 모인다. 이 시기에 맞춰 방문해 보는 것도 좋다.

:: 참고 사이트: internationalyogafestival.org

일상 속에서 요가를 실천하는 법

요가가 좋은 이유는 시작하기에 부담스럽지 않기 때문이다. 다양한 과정과 수업들이 있고, 우리가 사는 지역에서도 쉽게 요가 수업을 찾을 수 있다. 또한 집에서 편안하게 요가를 할 수 있게 도와줄 온라인 강의도 찾아볼 수 있다. 물론 요가의 기초를 이해하고 다치지 않도록 정확한 자세를 배우기 위해서는 우선 강사가 지도하는 수업을 몇 번 들어 보는 것이 좋긴 하다. 그 후에는 요가 매트와 수건, 아니면 담요를 들고 집의 빈 공간에서 스트레칭을 하면 된다.

여러분의 숙련도나 시간 제약에 맞춰 알맞은 수업을 찾아보자. 여러 가지 이유로 인해 남는 시간이 30분밖에 없다 해도 괜찮다. 하지만 시간이 있다면 주 1회 수업을 몇 주 간 들으면서 건강 및 웰빙 효과를 최대로 경험해 보자.

요가의 형식에는 옳고 그름이 없다. 관건은 자신에게 맞는 요가가 무엇인지, 개인적으로 어떤 요가를 선호하는지 찾는 것이다. 스스로에게 물어보자. 내게는 어떤 요가가 더 매력적인가? 부드럽고 느린 요가인가, 아니면 빠르고 역동적인 요가인가? 신체적으로 힘이 드는 요가를 원하는가, 아니면 몸을 회복시켜 주는 쪽을 원하는가? 아침 요가를 통해 활기차게 하루를 시작하고 싶은가, 아니면 밤에 요가를 하면서 긴장을 풀고 잠을 푹 자고 싶은가? 요가의 전통적이고 영적인 면에 가까워지고 싶은가, 아니면 조금 더 현대적인 요가가 좋은가? 생각해 본 후에는 온라인에 접속해서 자신이 추구하는 것과 맞아떨어지는 수업이 있는지 검색해 보자.

바라트 셰티와의 인터뷰

인도 마이소르의 인디아요가 소속 강사

Q. 언제 처음 요가 수련을 시작했고, 왜 요가에 관심을 가지게 되었나요?

저는 1993년 6월에 천식을 고치기 위해 처음 요가를 시작했어요. 요가에 관한 강의를 들을 때 교수님이 요가가 어디에 좋은지 설명해 주셨는데, 그중 하나가 천식이었어요. 제게는 그 부분이 마음에 와 닿았어요. 그 후 몇 년 동안 저는 혼자 수련을 했고 상태가 점점 호전 됐어요. 2년이 지나자 천식은 완전히 사라졌고, 2007년까지는 거의 아무런 증상도 나타나지 않았답니다. 그다음 천식이 재발했는데, 당시 고쿨람에 제 요가원을 짓느라 압박에 시달리고 있었거든요. 제게는 어린 딸이 둘이나 있었고, 엄청난 스트레스를 받았으며, 수련을 제대로 못하고 있었어요. 그 시기에 저는 인생에서 스트레스를 받지 말아야 한다고 다시금 다짐하게 됐어요.

Q. 요가가 인생에 어떤 영향을 주었나요?

우선 요가를 시작하고 첫 2년 동안 천식이 엄청나게 좋아졌어요. 그다음으로 성미가 급한 제 성격도 다스릴 수 있었지요. 저는 그전까지 홀로 많은 시간을 보냈습니다. 1999년에는 버스 한 대가 제 양다리 위를 밟고 지나가는 사고를 겪었습니다. 의사들은 제가 다시는 걷지 못할 수도 있다고 경고했지만, 요가 덕에 아주 빠르게 회복할 수 있었어요. 거기서 저는 '불가능'이란 없다는 걸 배웠습니다. 교통사고 1년 후에는 탈장이 되었는데, 수술 없이 회복하는 데에 요가가 큰 도움이 됐습니다.

수련생 중에도 요가를 통해 건강을 회복하는 이들이 많습니다. 1995년에서 2000년 사이, 저는 요가 덕에 사람들이 건강 문제를 극복하고 더 행복하게 지내는 모습을 보았습니다. 그렇게 해서 인디아 요가의 목표가 생기게 됐습니다. 바로 '모두를 위한 건강과 행복'입니다. 저는 이 비전에 따라 오늘날까지 행복하고 건강하게 살고 있습니다. 제가 요가 강사들을 교육시키는 동기가 되어 주기도 하고요. 저는 이 비전을 전 세계에 알리고 싶고, 그렇기 때문에 강사들을 가르칩니다.

Q. 어떤 유형의 요가를 가르치고 있으며, 그 요가를 수련하게
된 계기는 무엇인가요?

저는 인디아요가에서 강의를 하고 있습니다. 아헹가에 바탕을
둔 (도구 없이 몸으로만 하는) 하타 요가와 크리슈나마차리아Krishna-
macharya (현대요가의 스승으로 불리는 아쉬탕가 요가의 창시자)의 아쉬
탕가 체계가 기본이 되는 곳이지요. 우리가 중요시하는 분야는 세
가지예요. 아로기아Aarogya (건강)와 아비아사Abhyasa (수련), 아난다
Ananda (행복)지요. 우리는 주로 몸과 호흡, 마음 사이의 협동에 초점
을 맞춥니다. 인디아요가에서 '인In'은 내면을, '디아Dea'는 빛을 의
미합니다. 우리 내면의 행복을 찾는다는 의미입니다. 저는 주로 아
헹가의 저서《요가 디피카》를 기본으로 삼아 수련하였고, 그것이 인
디아요가의 시초가 되었습니다. 이는 상당히 역동적이고, 신체의 정
렬을 중시하지요. 게다가 저는 호흡의 조화를 추가해서 감각 기관을
차단하는 것을 돕고 있습니다. 그리고 교감 신경계와 부교감 신경계
의 균형을 유지하기 위해 좌우의 균형을 강조합니다.

Q. 선생님의 요가 수업을 듣는 학생들이 무엇을 얻어 갔으면 좋겠고, 또 어떻게 느끼기를 바랍니까?

학생들은 수업을 들은 뒤에 그 무엇도 자신의 정신을 산란하게 할 수 없다는 것을 느껴야만 합니다. 그런 자극들은 떠다닐 뿐이에요. 소음이든, 집중을 방해하는 것들이든, 고함 소리든, 그에 대한 어떤 반응도 없어야 해요. 감각의 차단(프라티아하라)을 경험하고 몸과 호흡 사이의 뛰어난 균형을 느껴야만 합니다. 그렇게 해서 마음은 하루 종일 차분함을 유지할 수 있게 됩니다. 한 시간 안에 학생들은 일상의 새로움을 경험할 수 있어야 합니다. 우리 수업은 몸과 호흡, 마음 간의 균형을 이루고, 삼야마Samyama(정신 집중을 뜻하는 다라나·명상을 뜻하는 디야나·깨우침을 뜻하는 사마디의 결합 또는 단순히 명상의 다른 단계를 의미한다)를 경험하는 것에 중점을 둡니다.

참선

일본

·

앉아서 찾은
행복의 길

참선
일본

참선이란?

 과거에는 명상이 수도승들의 전유물이었지만, 오늘날에는 큰 스트레스와 불안을 마주한 사람들 사이에서 마음을 챙기는 수련법으로 그 인기가 높아지고 있다. 명상은 더욱 명료한 마음과 안정된 감정을 가지기 위해 높은 수준의 자각과 주의력을 이끌어 내는 것이다.

 참선參禪은 고대 불교의 수련법으로, 보통은 자리에 앉아 숨쉬기에 집중하고 사물을 관찰하며 마음을 정화시키는 것이다. 그 과정에서 떠오르는 모든 생각과 감정은 집착하지 않고 떠나보내야 한다. 좌선坐禪(앉아서 하는 명상)은 불교 참선의 핵심으로, '좌'는 앉는다는 의미고 '선'은 명상이라는 의미다. 좌선의 목적은 단순히 긴장을 풀고 차분한 감각을 얻는 것에만 있는 것이 아니며, 영적 각성을 향해 더 깊숙이 파고드는 데에 있다.

'선의 정원'은 일본 참선의 고전적인 특징이다. 일본의 불교 승려는 명상을 하고 마음을 다스리기 위해 선의 정원을 만들어냈다. 가레산스이枯山水, かれさんすい는 물이 없는 풍광의 정원으로, 보통은 갈퀴질을 한 자갈과 모래, 바위 그리고 다듬은 마루로 만들어지며 이름에서 드러나듯 절대로 물이라는 요소가 들어가지 않는다. 모래와 자갈은 잔물결이 이는 물을 표현한 무늬로 꼼꼼하게 갈퀴질이 되어 있고, 바위들은 늘 그렇듯 산을 상징한다. 이 정원은 성찰과 참선의 분위기를 조성하는 고요한 장소를 제공한다.

참선은 어디에서 왔을까?

불교는 2500년 전 인도에서 발생했는데, 창시자는 부처로 알려진 싯다르타 가우타마Siddhartha Gautama다. 6세기 중반, 고대에 무역이 이루어지던 경로인 실크로드를 따라 중국과 한국을 거쳐 일본에 도달했다.

몇 세기에 걸쳐 일본에서는 불교의 여러 다양한 종파가 발전했지만, 그중에서 선종이 가장 널리 알려져 있다. 선종에는 두 가지 종단이 있는데, 소토 선종과 린자이 선종이다. 소토 선종은 명상을 핵심으로 삼는 반면에 린자이 선종은 선문답을 활용한다고 알려져 있다. 선문답이란 선사禪師(선종의 교리를 깨친 승려)가 학생에게 던지는 종교적인 수수께끼를 말한다. 선문답을 보여 주는 훌륭한 예로는 "한 손으로 치는 박수는 어떤 소리가 나는가?", "숲속에서 나무가 넘어졌는데 그 소리를 들은 자가 주변에 아무도 없다면, 그래도 나무가 그 소리를 낸 것이 맞는가?" 등이다. 학생은 선문답에 답을 하려 애쓰는 과정에서 합리적인 생각에서 벗어나 초월적인 사고를 촉발하게 된다.

우리의 건강과 행복에 어떻게 도움이 될까?

이미 잘 알려져 있지만, 일반적으로 명상은 건강과 웰빙 효과를 다양하게 가지고 있다. 선종은 명상을 통해 깨우침으로 가는 길을 알려 주는 종교이지만, 어찌 되었든 깨우침을 얻지 못한다 해도 명상을 연습해야 할 다른 훌륭한 이유들이 많다. 즉 명상은 영적인 건강부터 신체적인 건강, 그리고 정신적인 건강에까지 두루 도움이 된다.

연구들에 따르면, 참선은 불안과 스트레스, 우울증을 다스리는 데 필요한 도움을 제공한다. 또한 마음이 움직이는 방식에 대한 통찰력을 안겨 주고, 느리게 사는 방법, 그리고 차분함과 마음의 평화를 경험할 수 있는 방법을 가르쳐 준다. 그 외에도 다음과 같은 도움을 얻을 수 있다.

◇ 잠을 푹 잘 수 있다.

◇ 면역 체계가 개선된다.

◇ 고통에 덜 민감해진다.

◇ 등 근육을 강화시켜 자세가 좋아진다.

◇ 혈액 순환에 도움이 된다.

◇ 혈압이 낮아진다.

일본 어디에서 참선을 만날 수 있을까?

일본에 있는 거의 모든 선원禪院은 가레산스이를 갖추고 있어서, 누군가의 안내를 받지 않아도 탐색하고 명상에 잠길 조용한 공간을 찾기에 완벽하다. 일본에서 가장 유명한 선원들 중 몇 곳은 교토에 있다.

교토의 선원

료안지龍安寺는 너른 '모래의 바다' 위에 바위가 절묘하게 자리 잡아서, 필자가 가장 사랑하는 절 가운데 하나다. 인기가 많다는 것은 그만큼 관광객들로 넘쳐날 수 있다는 의미이므로, 평일 아침 일찍 찾아가 보는 것이 가장 좋다.

다이토쿠지大德寺는 교토 서북쪽으로 선원들이 모여 있는 커다란 단지다. 자갈이 깔린 길을 따라 산책하기에도, 또 정취 있는 절에 들려 눈부시게 아름다운 가레산스이를 감상하며 조용히 앉아서 시간을 보내기에도 적합하다.

교토에서 가장 오래된 선원은 케닌지建仁寺로, 북적이는 기온 거리 가까이에 있다. 나는 이 선원을 특별히 아끼는데, 기온 거리에 넘쳐나는 관광객들과 현지인들로부터 한숨 돌릴 수 있는 고마운 곳이다.

고야산의 오쿠노인(奧之院)

산꼭대기에 절들이 모여 있는 단지인 고야산은 일본에서 가장 종교적인 장소이자, 진언종의 본산이다. 일본에서 가장 중요한 종교적 인물인 고보 다이시가 불교의 이 종파를 일본에 들여왔다. 고야산 끄트머리에는 고보 다이시가 영원한 명상에 들기 위해 들어간 토굴인 고뵤가 있다. '내면의 안식처'라는 뜻의 이름을 가진 오쿠노인 사원은 다이시의 묘다. 고야산에 있는 몇몇 절은 손님이 하룻밤 머물면서 전통적인 불교의 채식으로 차려진 식사를 하고 아침에 일어나 승려들과 함께 명상할 수 있는 기회도 제공한다. 혹은 오사카에서 당일치기 여행으로 쉽게 올 수도 있다.

교토의 슌코인(春光院)

교토 묘신지妙心寺 안에 있는 작은 절로, 미국에서 교육받은 5대 주지스님인 다카후미 가와카미가 이끌어 가고 있다. 영어로 진행하는 선종 강의가 열리고, 그 후에는 절을 둘러보는 시간도 가진다. 이 강의에서 학생들은 선종의 기본 원리와 함께 선 철학을 일상에서 실천하는 방법을 배울 수 있다.

:: 참고 사이트: shunkoin.com

일상 속에서 참선을 실천하는 법

여러분의 정원이 엉망진창이거나, 아예 정원이 없는 아파트에 살고 있더라도 걱정할 필요 없다. 여러분이 어디에 살든, 스케줄이 얼마나 바쁘든 간에 삶 속에 참선을 녹여 내는 일은 꽤나 쉽다. 일본으로 여행을 떠나거나 집에 완벽하게 손질한 선의 정원을 마련하는 것도 좋지만, 다행히 그런 것들이 꼭 필요한 요소는 아니다. 여러분이 가볍게 좌선을 수행해 보기 위해 정말로 필요한 것은 앉을 수 있는 엉덩이와 편안한 쿠션, 두꺼운 담요 혹은 의자 같은 물건이 전부다.

시작하기 전에 우선 아이나 반려동물, 동거인이나 소음으로 인해 방해받지 않을 조용하고 평화로운 장소를 찾아보자. 가능한 한 고요하고 평화로운 분위기를 만들면 좋겠다. 너무 밝거나 너무 어둡지 않게 적당한 빛이 있는 방이나 장소가 이상적이며, 또한 명상을 하다가 너무 덥거나 얼어 죽을 정도로 춥지 않을 편안한 온도여야 한다. 이가 덜덜 떨리거나 땀이 눈썹 아래까지 타고 흐르는 상태에서는 집중하기가 어려운 법이니까!

전통적으로 좌선은 자푸(두껍고 동그란 방석) 위에 반가부좌 자세(한쪽 발은 다른 쪽 허벅지에 올리고, 또 한쪽 발은 반대쪽 허벅지 아래에 놓는다) 혹은 결가부좌 자세(양발을 각각 반대쪽 허벅지에 올리되 발끝을 허벅지 바깥 선에 맞춘다)로 앉아 수행한다. 그러나 몸이 유연하지 않다면 무릎을 꿇거나 의자에 앉는 것이 더 편하게 느껴질 수도 있다. 일정 시간 동안 자세를 유지할 수 있을 정도로 가장 편안하게 느껴지는 자리를 고르자. 결가부좌 자세가 어렵더라도 걱정하지 말자. 의자 위에 앉았다면 등받이에 등을 기대지 않으려고 열심히 노력해 보자. 그 대신 하늘을 향해 꼿꼿이 앉은 자세에 집중하자.

일단 자세가 편안해졌다면 앞쪽으로 1미터 정도 떨어진 지점에 시선을 모으되, 특별히 정해진 대상에 초점을 맞추지는 말자. 눈을 게슴츠레 뜬 채 편안히 있어 보자. 그다음으로 차분하고 자연스럽고 깊게, 리듬에 맞춰 숨을 쉬자. 이것이 참선의 기본이다. 입은 꾹 다문 채 코를 통해 조용히 숨을 쉬자. 숨을 들이마시는 행위는 자연스럽게 일어나니 그저 숨을 내쉬는 것에만 집중하면 된다.

참선을 수행하는 동안 여러 생각과 감정이 자연스레 떠오를 수 있다. 중요한 것은 이 생각과 감정을 막으려고 노력하는 것이 아니다. 생각과 감정에 끌려가거나 초점을 맞추지 말고, 알아서 떠다니도록 내버려 두자. 이 잡념들은 그저 둥둥 떠다니다가 우리 곁을 지나가는 구름이라고 여기자. 명상에 깊이 빠질수록 이 과정이 더욱 쉬워질 것이다.

초심자의 경우 5분 명상으로 시작하자. 경험이 더 쌓이고 이 활동이 편안해지면 한 번에 지속하는 시간을 몇 분 더 늘려 보자. 몇 주 안에 여러분은 한 번에 30분 혹은 그 이상으로, 편안하게 느껴지는 만큼 오랫동안 명상을 할 수 있게 된다.

다카후미 가와카미 스님과의 인터뷰

일본 교토의 슌코인 사원

Q. 언제 처음으로 수행을 시작하였고, 어떻게 그 길로 접어들게 되신 건가요?

저는 고등학교 시절 처음 명상 수련을 하기 시작했습니다. 하지만 참선은 아니었어요. 단지 역도 연습을 하는 동안 집중력을 높이느라 숨 쉬는 데에만 집중했거든요. 미국에 있는 대학을 다니면서 선종과 그 수행에 흥미를 가지기 시작했어요. 저는 심리학을 전공했기 때문에 불교나 다른 종교학 강의들을 필수적으로 들어야 했지요. 저는 교토에 있는 저희 가문의 사원 '슌코인'에서 태어나 5대 법사로 자랐지만, 학문적으로 불교를 공부해 본 적은 없었어요. 불교를 이성적으로 이해하게 되면서 저는 저희 가문의 전통으로 돌아가게 됐습니다.

Q. 참선의 과정에서 가장 중요한 세 가지가 무엇이라 생각하십니까?

우선, 중요한 것은 마음을 비우고 차분함을 느끼는 게 아닙니다. 명상은 당신이 외면과 내면에서 벌어지는 일(직관, 인상, 감정, 정서, 감각)에 어떻게 반응하는지 관찰하는 것입니다. 두 번째로, 그 반응 뒤에 어떤 믿음이 있는지 알아내는 겁니다. 세 번째로, 그 믿음이 어떻게 생겨났는지 고심하고, 그 믿음을 바꾸거나 없앤다면 반응이 어떻게 바뀔 수 있는지 봐야 합니다.

Q. 한 번도 명상을 해 보지 않았지만 시작하려는 사람에게 어떤 조언을 주시겠습니까?

항상 같은 시간, 같은 장소에서 명상을 하세요. 저는 사람들에게 명상을 하나의 일과로 만들라고 추천합니다. 아침에 일어나서 물 한 잔을 마시고, 그다음에 명상을 하는 것이지요.

Q. 명상이 건강과 웰빙에 도움이 된다고 보고된 바가 많습니다. 이 부분에 대해서는 어떻게 생각하시는지요?

명상과 웰빙의 관계를 연구하는 여러 학자들과 같은 생각입니다. 사실 저는 공중보건 연구자들, 인지과학자들과 웰빙 프로젝트에 참여하고 있어요. 대중들은 명상에 열광하면서도 가끔은 명상이 우리의 행복감에 미치는 영향에 대한 실제적 과학 지식은 무시합니다. 물론 단순히 명상을 한다고 해서 행복해지는 것은 아닙니다. 선의 숨은 철학을 배우고, 다른 불교나 동양의 사색적인 수련을 배워야 합니다.

Q. 참선의 원리를 일상에 적용할 때 어떤 도움을 받을 수 있을까요?

철학이 없는 명상은 그저 스트레스를 완화하는 기술 중의 하나가 될 뿐입니다. 하지만 철학을 가지고 명상을 수련할 때 여러분은 인생에서 겸손함과 호기심을 배울 수 있을 겁니다. 또한 인생을 살며 불확실성이나 어려움으로부터 도망치는 일을 그만두어야 해요. 대신 그 불확실성과 어려움에 맞서 도전을 시작하세요.

세계여행에서 찾은 20가지 행복철학

1판 1쇄 인쇄 2022년 4월 5일
1판 1쇄 발행 2022년 4월 10일

지은이 케이트 모건
옮긴이 김문주
펴낸이 이윤규

펴낸곳 유아이북스
출판등록 2012년 4월 2일
주소 서울시 용산구 효창원로 64길 6
전화 (02) 704-2521
팩스 (02) 715-3536
이메일 uibooks@uibooks.co.kr

ISBN 979-11-6322-072-5 03190
값 16,800원